€ 5.–

André Breton
Das Weite suchen
Reden und Essays

André Breton, geboren 1896, war einer der Begründer des Surrealismus. Er veröffentlichte 1924 das erste *Manifest des Surrealismus,* gründete die Zeitschrift *La Révolution surréaliste* und griff in der Zeit bis zum Zweiten Weltkrieg mit Aktionen, Aufsätzen und Manifesten in das politische und kulturelle Leben Frankreichs ein. Werke u.a.: *Nadja* (1928), *Les Vases communicants* (1932), *Qu'est-ce que le surréalisme?* (1934), *L'amour fou* (1937).

Die surrealistische Bewegung ist längst zum Stillstand gekommen. Ihr Wortführer, André Breton, ist nicht nur tot, sondern zum Schweigen gebracht. Während man seinem Kampfgefährten Louis Aragon sowohl die stalinistischen Sünden verziehen als auch schon zu Lebzeiten einen Ehrenplatz im kulturellen Pantheon eingeräumt hat, bleibt die Figur André Breton in ein Zwielicht gehüllt, das nicht von ungefähr kommt. Wenn Breton als »Mann der Ordnung« denunziert wird, so hallen in dieser Denunziation die rüden Beschuldigungen nach, die ihn seit der Periode der Volksfront begleiten: Agent der Bourgeoisie, der Reaktion zu sein. Wo die wahren Agenten der Reaktion zu suchen sind, hat Breton in seinen Reden und Essays angegeben – mit dem zum Bewunderer Francos gewordenen Dali rechnet er ebenso ab wie mit einigen zum Stalinismus übergelaufenen Weggenossen. Lange bevor es Mode wurde, den Dissidenten hervorzukehren, hat Breton die Moskauer Prozesse verurteilt und die Rolle der UdSSR im spanischen Bürgerkrieg kritisiert. So konnte und kann keine der Parteiungen mit ihm etwas anfangen – er steht »draußen« und sucht das Weite. Ein Lehrstück? Ja, wohl auch ein Lehrstück.

André Breton
Das Weite suchen
Reden und Essays

Aus dem Französischen übersetzt
von Lothar Baier

Europäische Verlagsanstalt

Titel der Originalausgabe: *La clé des champs*

CIP-Kurztitelaufnahme der Deutschen Bibliothek

Breton, André:
Das Weite suchen : Reden u. Essays / André
Breton. Aus d. Franz. von Lothar Baier. –
Frankfurt am Main : Europäische Verlagsanstalt,
1981.
Einheitssacht.: La clé des champs ⟨dt.⟩
ISBN 3-434-00441-6

Motiv: Dokumentarfoto © Editions du Seuil, Paris.
Umschlaggestaltung: Atelier Rambow, Lienemeyer und van de Sand
Produktion: Klaus Langhoff, Friedrichsdorf
Gesamtherstellung: Passavia, Passau

Printed in Germany
ISBN 3-434-00441-6

Inhalt

Nicht-ausschließende Grenzen des Surrealismus

Die internationale Ausstellung des Surrealismus in London, die vor einigen Monaten zu Ende ging, aber das Vorspiel für das Auftreten und die Aktivität einer jetzt in England gebildeten und in engem Kontakt mit den ausländischen Gruppen stehenden surrealistischen Gruppe war, bezeichnet den Höhepunkt der *Wirkungs*-Kurve unserer Bewegung, einer Kurve, die im Laufe der letzten Jahre immer steiler anstieg. Wie Guillaume Apollinaire gesagt hat: »Man kann sich nur schwer vorstellen, wie dumm und schläfrig der Erfolg die Leute macht.« Aber der Surrealismus ist von der Bekräftigung seiner ersten *unveränderlichen* Prinzipien her immun gegen diese Art Abstumpfung. Wenn hier von Höhepunkt die Rede ist, dann in der Absicht, eine Vorstellung von den Grundlinien zu vermitteln, deren Schnittpunkt dieser außerordentlich signifikante Höhepunkt ist, und zu helfen, ihn innerhalb der Koordinaten von Raum und Zeit einzuordnen. Die Erklärung dieser einzigen Absicht sollte genügen, ihn von jedweder Beschuldigung freizusprechen, er mache nur Lärm, und dafür sorgen, daß er ohne Zwischenfall und ohne Beweihräucherung seinen Gang nehmen kann. Die internationale Ausstellung des Surrealismus wird in dem Augenblick eröffnet und erlebt einen Erfolg, in dem die Arbeiter Frankreichs die Fabriken massenhaft besetzen, wobei sie eine für sie völlig neue Methode des Kampfes anwandten und allein durch die Gleichzeitigkeit ihres Handelns mit den ersten Forderungen Erfolg haben. Die Spontaneität und Gewaltsamkeit dieses Aufbruchs (für den mit Recht keine der politischen Parteien die Verantwortung übernimmt), die Eigenart der begonnenen Aktionen, die sich wie ein Ölfleck ausbreiten, der Eindruck, der davon ausgeht, daß nämlich nichts sie daran hindern kann, ihre unmittelbaren Ziele zu erreichen, die schreiende Blamage, die sie denen beibringen, die seit dem Krieg dem französischen Proletariat jede Militanz abgesprochen haben, und schließlich der *Präzedenzfall*, den sie schaffen – ein Präzedenzfall, der der Bourgeoisie konkret zeigen sollte, daß das Ende ihrer Herrschaft in Sicht ist –: all das muß den Hellsichtigen klarmachen, daß ›die französische Revolution begonnen hat‹. Unter diesen Umständen, ich wiederhole es, wurde unsere Ausstellung in London eröffnet, und als sie geschlossen wurde, konnten wir bereits einen anderen, nicht weniger beunruhigenden und erregenden Zug der Aktualität wahrnehmen: Eine Offensive der Konterrevolution gefährdet alles, was jenseits der Pyrenäen an Wohlbefinden, Freiheit und Hoffnung der feindseligen Erstarrung der Jahrhunderte entrissen worden war. Jedermann kann sich überzeugen, daß es um eine entscheidende Auseinandersetzung geht, bei der weit mehr auf dem Spiel steht als das Schicksal der spanischen Republik. Es geht um die Frage, ob der Mensch dazu verurteilt ist, eine Beute des Menschen zu werden, ob die Anstrengung, diesem Schicksal zu entgehen, nicht ein atemloser Lauf von Falle zu Falle ist, oder ob es, im Gegenteil, zunächst von seiner Energie, sodann von seiner Wachsamkeit abhängt, daß sich der Griff der Hydra löst und daß ihr Köpfe *nicht mehr nachwachsen*. Wenn in der Stunde, in der ich schreibe, ohne jeden Zweifel die französische Revolution begonnen hat, so ist es zugleich und nicht minder gewiß, daß die spanische Revolution jetzt ihr höchstes Stadium erreicht. So haben wir die Möglichkeit, diese Revolution, die in ihrem Kern nur ein und dieselbe sein kann, in zwei verschiedenen Stadien zu verfolgen und dabei zu erkennen, daß es, wenn schon zeitweilig gewisse Formen von Ausbeutung sich durchsetzen, weil wir die Hände in den Schoß legten, erst recht der *Bewaffnung* dieser Hände bedarf, um die Rückkehr dieser Ausbeutung in sehr viel dreisteren und noch schlimmeren Versionen zu verhindern. So gesehen ist es durchaus richtig gewesen, auf die Arbeitermilizen zurückzugreifen, jene Milizen, deren Aufstellung eine revolutionäre Minderheit in Frankreich für sich in Anspruch nimmt, und zwar zur erheblichen Beunruhigung der Volksfrontregierung, die nicht übersehen kann, daß das Auftreten der Milizen, wie man vom Krieg gesagt hat, »die Fortsetzung der Politik mit anderen Mitteln« bedeutet, und die den Zeitpunkt so weit wie möglich hinausschiebt, an dem sich die soziale Krise entscheiden muß, an dem Ort, an dem sie allein sich entscheiden kann: *auf der Straße.* Ich sage, daß die jüngste Aktion der französischen Arbeiter und die noch viel einschneidendere der spanischen Avantgarde zwei notwendig aufeinander folgende Phasen einer einzigen Bewegung darstellen. Es ist außerordentlich wichtig, darauf zu achten, daß diese Bewegung einem unerbittlichen Imperativ gehorcht, der sich nicht um politische Voraussagen kümmert und über den Widerstreit der Parteiparolen hinausweist. In dieser besonderen Phase seiner Entwicklung kann der Surrealismus nicht von den gegebenen Umständen abstrahieren, wenn er nicht den *Kopf der Geschichte* aus dem Blick verlieren will. Jenseits der Zwänge, die sich die Menschen auferlegen, um in »Todeseinheiten« dem zu dienen, was sie für die Wahrheit halten, dreht sich die Erde um ihre Achse aus Sonne und Nacht. Nichts kann verhindern, daß für den Surrealismus der letzte Blick der Männer und Frauen, die im Juli 1936 vor Saragossa gefallen sind, die ganze Zukunft spiegelt – die ganze Zukunft und damit auch das, was der Surrealismus als einzige zur Zeit international organisierte, geschlossene intellektuelle Unternehmung an absoluter Hoffnung auf die Befreiung des menschlichen Geistes mit diesem Wort verknüpfen kann.

In einer solch undurchsichtigen Epoche, in der Europa – oder die Welt, wer weiß – sich von einem Augenblick zum anderen in einen Aschenhaufen verwandeln kann, ist es nur zu verständlich, daß eine Ausstellung wie die Londoner für viele, die das Ganze von außen beurteilen, nach »Bal des Ardents« aussieht und eine überaus verdächtige Neugier erregt. Ihren Erfolg leiten wir auch nicht aus der Tatsache ab, daß diese Neugier von zwanzigtausend Besuchern geteilt wurde und daß sie in der englischen Presse den lautesten Widerhall gefunden hat. Dieser Erfolg liegt in etwas anderem begründet: in der Breite und Strenge der Demonstration, die die Ausstellung bedeutet, also darin, daß der Surrealismus heute auf dem besten Wege ist, unter seinem Namen die Bestrebungen der das Neue suchenden Schriftsteller und Künstler aller Länder zu vereinen – die Aussteller stammten tatsächlich aus vierzehn Nationen; dabei mußte auf manchen besonders bedeutenden Beitrag wie den japanischen verzichtet werden –, und diese Einigung, die weit mehr ist als eine Einigung dem Stile nach, entspricht einem neuen *gemeinsamen* Bewußtsein vom Leben. Man darf mir glauben, daß von Anfang an nichts unversucht gelassen wurde, denen die Lust zu nehmen, sich auf den Surrealismus zu berufen, die nicht einem grundlegenden und unteilbaren Zusammenhang von Sätzen zustimmten, an den hier kurz erinnert sei:

1. Zustimmung zum dialektischen Materialismus, dessen Thesen sich die Surrealisten allesamt *zu eigen* machen: Primat der Materie vor dem Geist, Anerkennung der Hegelschen Dialektik als Wissenschaft von den allgemeinen Bewegungsgesetzen sowohl der äußeren Welt als auch des menschlichen Geistes, materialistische Geschichtsauffassung (»Die Produktion der Ideen, Vorstellungen, des Bewußtseins ist zunächst unmittelbar verflochten in die materielle Tätigkeit und den materiellen Verkehr der Menschen, Sprache des wirklichen Lebens.«); Notwendigkeit der sozialen Revolution als Endpunkt des Antagonismus, der sich auf einer bestimmten Stufe der Entwicklung zwischen den materiellen Produktivkräften der Gesellschaft und den bestehenden Produktionsverhältnissen ergibt (Klassenkampf).

2. Marx und Engels[1] zufolge ist es absurd zu behaupten, daß der ökonomische Faktor der allein bestimmende Faktor sei, es ist dies vielmehr »in letzter Instanz die Produktion und Reproduktion des wirklichen Lebens«. Da »die verschiednen Momente des Überbaus [...] auch ihre Einwirkungen auf den Verlauf der geschichtlichen Kämpfe« haben »und in vielen Fällen vorwiegend deren *Form*« bestimmen, mag sich die intellektuelle Arbeit gezielt auf die Bereicherung dieses Überbaus richten, wobei der Überbau ihr nur um diesen Preis das Geheimnis seiner Zusammensetzung preisgibt. Es geht darum, den Weg zu zeigen, der ins Innere jener »Zufälle« führt (um bei der Terminologie jener Autoren zu bleiben), durch deren Masse hindurch sich die »wechselseitige Aktion und Reaktion« der Faktoren abspielt, die die Bewegung des Lebens bestimmen.

[1] Marx/Engels, *Philosophische Schriften.*

Der Surrealismus behauptet, diesen Weg gebahnt zu haben. Nichts ist weniger willkürlich als die Richtung, die er einschlägt, wenn man sich vor Augen führt, daß er nur das logische, notwendige Resultat aller *Wege der großen geistigen Abenteuer* sein kann, die bis heute aufgezeichnet worden sind. Seit der Veröffentlichung des *Ersten Manifests des Surrealismus* im Jahre 1924 bin ich nicht müde geworden, diese mehr oder weniger einsamen, mehr oder weniger unebenen Wege zu markieren und die Aufmerksamkeit auf ihr *Zusammenlaufen* zu lenken. Erst kürzlich habe ich zu zeigen versucht[2], daß einem *offenen Rationalismus*, der die gegenwärtige Position der Wissenschaftler prägt (im Gefolge der Konzeption der nicht-euklidischen Geometrie, der nicht-newtonschen Mechanik, der nicht-maxwellschen Physik etc.), ein *offener Realismus* oder *Surrealismus* entsprechen mußte, der den Verfall des cartesianisch-kantianischen Gebäudes einleitet und die Sensibilität von Grund auf erschüttert. Ohne sich untereinander abzusprechen, ja ohne einander zu kennen, eröffneten Isidore Ducasse und Arthur Rimbaud der Poesie eine neue Spur, indem sie systematisch die gewohnten Formen, dem Spektakel der Welt und ihrer selbst zu begegnen, in Frage stellten und sich kopfüber ins Wunderbare stürzten. Es fällt auf, daß sie diese Haltung zur Zeit des Deutsch-Französischen Krieges von 1870 ausbildeten, das heißt in der Periode des großen Vorspiels der proletarischen Revolution, das der Krieg möglich gemacht hat. Dieser Umstand muß um so mehr zu denken geben, als es ebenfalls der Umkreis eines Krieges, nämlich des Weltkrieges war, in dem die entscheidenden Interventionen Picassos und Chiricos in der Malerei zu datieren sind, in deren Folge sich die visuelle Vorstellungskraft des Menschen verändert hat. Die großartigen Entdeckungen Freuds kommen im rechten Augenblick, um den Abgrund für uns auszuleuchten, der sich nach der Abdankung des logischen Denkens und im Gefolge des Zweifels an der Verläßlichkeit der sinnlichen Wahrnehmung auftat. Was sie uns über die Natur der menschlichen Beziehungen offenbaren, gefährdet die Institutionen, die bisher als besonders beständig

---

[2] Cf. »Crise de l'objet«, in: *Cahiers d'Art,* 1936.

erschienen, angefangen mit der Familie, und läßt die Begründung einer wirklichen Wissenschaft der Sitten auf den Trümmern einer lächerlichen Moral erwarten. Es darf nicht vergessen werden, zusammen mit diesen verschiedenartigen Tendenzen, die sich in der Entstehung des Surrealismus treffen, zwei besondere Wahrnehmungsweisen zu erwähnen, die fraglos sehr viel ältere Ursprünge haben und sich zu zahlreichen Vorläufern bekennen: Die erste dieser Wahrnehmungsweisen findet ihren Ausdruck im *objektiven Humor,* im Sinne der Hegelschen Synthese aus der Begrenzung der Natur durch ihre zufälligen Formen einerseits und dem Humor andererseits. Der Humor, als paradoxer Triumph des Lustprinzips über die realen Verhältnisse, muß natürlich in einem Augenblick, in dem diese Verhältnisse äußerst prekär erscheinen, in der von Bedrohungen überschatteten Epoche, in der wir leben, eine defensive Note annehmen. Der englische Leser ist dank Swift und Lewis Carroll besser als jeder andere in der Lage, die Quellen dieses Humors zu achten, der in Frankreich mit dem Namen Alfred Jarry verknüpft ist und der um die Ursprünge des Surrealismus geistert (Einfluß von Jacques Vaché und Marcel Duchamp). Die zweite Wahrnehmungsweise kommt aus dem Bedürfnis, bestimmte Lebenssituationen eindringlich zu befragen, die *gleichzeitig* einer wirklichen und einer idealen Folge von Ereignissen anzugehören scheinen, und die den einzigen Beobachtungsposten bilden, der uns im Innern jenes geheimnisvollen geistigen Guts von Arnheim geboten wird, das der *objektive Zufall* ist, von Engels die »Erscheinungsform der *Notwendigkeit*« genannt. Novalis, Achim von Arnim, Gérard de Nerval und Knut Hamsun hatten bereits diesen Punkt erobert, aber die Angabe des Orts, den sie uns beschreiben wollten – unter dem Gesichtspunkt der Erkenntnis ist die Ortsangabe für uns das Wichtigste –, verlor sich bei ihnen in ihrer eigenen Verzückung. Ich meinerseits habe mich bemüht, bei der Vermittlung solcher Klassen von Sachverhalten die Bedachtsamkeit und Strenge zu bewahren, die bei medizinischen Beobachtungen walten[3]. *Objektiver Humor,*

---

[3] Cf. *Nadja,* N.R.F., 1928; *Les Vases communicants,* Denoël et Steele, 1932; *L'Amour fou,* N.R.F., 1937.

objektiver Zufall: dies sind, genaugenommen, die beiden Pole, zwischen denen der Surrealismus, wie er glaubt, die längsten Lichtbögen erzeugen kann.
Ein Weg wie derjenige, den der Surrealismus vorschlägt, wäre unvollständig bezeichnet, wenn man sich darauf beschränkte, anzugeben, welche anderen Wege er kreuzt und wohin er führt. Die Art des Fahrzeugs, das ihn befährt, bleibt noch zu beschreiben. Dazu muß man herausfinden, ob die verschiedenen, eben benannten geistigen Schritte, die der Surrealismus tut und als deren Summe er sich versteht, ein gemeinsames Maß besitzen. Nun hat uns am meisten daran gelegen, zu zeigen, daß dieses Maß existiert: diese Konstante, dieses Fahrzeug ist der *Automatismus.* Durch nichts anderes als den Rückgriff auf den Automatismus lassen sich, so darf man hoffen, *alle* Antinomien außerhalb der ökonomischen Sphäre auflösen, die schon vor der Gesellschaftsformation, in der wir leben, existiert haben und die sehr wahrscheinlich mit ihr nicht verschwinden werden. Diese Antinomien verlangen nach ihrer Aufhebung, weil sie durch die Herrschaft, die in ihnen steckt und die tiefer reicht und endgültiger ist als die zeitbedingte Herrschaft, als Schmerz empfunden wird, und weil dieses Leiden die Menschen nicht mehr als ein anderes zur Resignation treiben darf. Diese Antinomien heißen Wachzustand und Schlaf (Realität und Traum), Vernunft und Wahnsinn, Ojektives und Subjektives, Wahrnehmung und Vorstellung, Vergangenheit und Zukunft, Gemeinschaftsgeist und Liebe, Leben und Tod.

Mit all dem Nachdruck, mit dem wir, unter Berufung auf berühmte Beispiele der Vergangenheit, leugnen, daß die Kunst einer Epoche in der bloßen Imitation der äußeren Verkleidung dieser Epoche bestehen kann, weisen wir die Konzeption des »sozialistischen Realismus«, der dem Künstler ausschließlich die Malerei des proletarischen Elends und des proletarischen Befreiungskampfes vorzuschreiben sucht, als *falsch* zurück. Diese letzte These steht übrigens in offenkundigem Widerspruch zur marxistischen Theorie: »Je mehr die Ansichten des Autors verborgen bleiben«, schreibt Engels im April 1888 an Miss Harkness, »desto besser für das Kunstwerk.« Wir bestreiten nachdrücklich, es könnte ein Kunstwerk, ja auch nur ein Werk der Gebrauchskunst entstehen, wenn einzig der *manifeste Inhalt* einer Epoche zum Ausdruck gebracht werden soll. Was sich der Surrealismus dagegen vornimmt, ist die Exploration ihres *latenten Inhalts.*

Das »Phantastische«, das auf denkbar radikale Weise die Umsetzung einer Parole wie der des »sozialistischen Realismus« ausschließt und auf das sich der Surrealismus ständig beruft, bildet für uns den Schlüssel par excellence, um diesen latenten Inhalt zu erforschen, und zugleich das Mittel, den geheimen geschichtlichen Grund zu erfassen, der hinter dem Geflecht der Ereignisse verschwindet. Erst im Angesicht des Phantastischen, wenn die menschliche Vernunft ihre Kontrollmacht verliert, vermag sich die tiefste Empfindung des Seins zu äußern, eine Empfindung, die im Rahmen der wirklichen Welt nicht hervortreten kann und die keinen anderen Ausweg findet, als dem ewigen Reiz der Symbole und der Mythen zu erliegen. In diesem Punkt schien es mir immer sehr hilfreich, an die ungeheure Blüte englischer Romane Ende des 18. Jahrhunderts zu erinnern, die unter dem Namen *schwarze Romane* bekanntgeworden sind. Wenn man heute dieses verschriene und vergessene literarische Genre betrachtet, kann man sich nur wundern, und zwar nicht nur über seinen erstaunlichen Erfolg, sondern auch über die ganz eigenartige Faszination, die es eine Zeit lang auf die wählerischsten Geister ausgeübt hat. Einer der Helden Anne Radcliffs, Schedoni, wirkt durchaus wie das Vorbild, nach dem Byron seine Person formen sollte; Thomas Moore wird wiederholt mit Inbrunst die schönen, durchsichtigen Mädchen erwähnen, die unter dem von Vögeln bewohnten Laub des *Wald-Romans* einhergehen. Die ersten Romane von Victor Hugo *(Bug-Jargal, Han d'Islande)* sowie die ersten Balzacs (*L'Héritière de Birague, Le Centenaire ou les deux Béringheld* etc.) sind direkt von Lewis' *Mönch* und Mathurins *Melmoth* beeinflußt, eben jenem *Melmoth*, an den sich Baudelaire lange Zeit erinnern wird und der zusammen mit Youngs *Nachtgedanken* zweifellos eine jener ergiebigen Quellen bildet, aus denen die allmächtige Inspiration Lautréamonts schöpfen wird. Ein solcher öffentlicher und zugleich privater Glücksfall, der sich von dem extremen Mißkredit abhebt, in den diese Werke auf Dauer geraten sind, wäre nicht zu erklären, wenn man aus ihm nicht schließen könnte, daß diese Werke der geschichtlichen Situation vollkommen entsprachen. Die Wahrheit, die zuerst der Marquis de Sade in seiner *Idée sur les romans* benannt hat, lautet, daß wir uns hier einem Genre gegenübersehen, in dem man zur Zeit seines Triumphes »das unumgängliche Ergebnis der revolutionären Erschütterungen« erkennen muß, »die ganz Europa gespürt hat«. Man versteht, wieviel uns diese Überzeugung bedeutet. Das menschliche Interesse in seiner gewöhnlichsten, in seiner spontansten wie in seiner erlesensten, der rein intellektuellen Gestalt hat sich hier nicht an die peinlich genaue Abschilderung der äußeren Begebenheiten geheftet, deren Schauplatz die Welt von damals war, sondern durchaus an den Ausdruck verworrener Gefühle, die um die Sehnsucht und den Schrecken kreisen. Niemals hat das Lustprinzip offenkundiger Rache am Realitätsprinzip genommen. Die Ruinen erscheinen nur in dem Maße so bedeutungsgeladen, als sie optisch den Zusammenbruch der Feudalzeit ausdrücken; das unvermeidliche Gespenst, das in ihnen umgeht, bezeichnet eindringlich die Befürchtung, die Mächte der Vergangenheit könnten zurückkehren; die unterirdischen Gänge stehen für den langen, gefahrvollen und dunklen Weg des Individuums zum Licht; die Gewitternacht setzt den kaum abgeklungenen Kanonendonner um. Auf diesem unsicheren Grund erscheinen vorzugsweise die Wesen der reinen *Versuchung*, die den Kampf zwischen dem Todestrieb einerseits, der, wie Freud gezeigt hat, ein Trieb der Erhaltung ist, und dem Eros andererseits, der, nach jeder menschlichen Hekatombe, verlangt, daß dem Leben sichtbar Genüge getan werde, in reiner Form verkörpert. Ich lege besonderes Gewicht auf die Tatsache, daß die Ersetzung eines Dekors durch einen anderen (des romantischen durch den realen) von den Autoren der schwarzen Romane keineswegs beschlossen und noch viel weniger unter ihnen vereinbart worden ist. Ihr darin bestimmbares Unbewußtes verleiht ihrer sichtbaren Botschaft eine um so größere Bedeutung. »*Udolphe*«, schreibt seine erste französische Übersetzerin Madame de Chastenay, »verursachte bei mir eine Erschütterung der Einbildungskraft, vor der mich mein Verstand nicht bewahren konnte. Seine

Schrecken, die von einem dumpfen Geräusch ausgehen, einem verlängerten Schatten oder schließlich von einem phantastischen Effekt, treffen mich immer noch wie ein Kind, ohne daß ich die Ursache finden könnte.« Ein Kunstwerk, das diesen Namen verdient, ist etwas, was uns die Empfindungsstärke der Kindheit wiedergewinnen läßt. Dies vermag es nur unter der ausdrücklichen Bedingung, daß es nicht auf die laufende Geschichte zählt, deren Widerhall im Innern des Menschen einzig von der systematischen Rückkehr zur *Fiktion* erwartet werden darf.

Kein Einschüchterungsversuch wird uns von der Aufgabe abbringen, die wir uns gestellt haben und die, wie wir gesagt haben, die Herstellung des *kollektiven Mythos* speziell unserer Epoche ist, so wie das »schwarze« Genre als Krankheitssymptom der großen gesellschaftlichen Unruhe betrachtet werden muß, die sich am Ende des 18. Jahrhunderts Europas bemächtigt hat. Es ist aufschlußreich festzuhalten, daß dieses Genre 1764 von Horace Walpole eröffnet worden ist, von einem Mann, der seiner Herkunft nach und den Anfängen seines öffentlichen Lebens zufolge zu denen zählte, die über die damalige politische Situation gründlich aufgeklärt waren, von einem Mann überdies, der ein Jahr später, und bis zu seinem Tode, die ganze Aufmerksamkeit der Marquise du Deffand fesseln sollte – der Marquise du Deffand, welche die große Freundin der französischen Enzyklopädisten war, das heißt jener Geister, die per definitionem der im *Schloß von Otranto* manifestierten literarischen Konzeption feindselig gegenüberstanden. Die Entstehung eines derartigen Werkes, über die uns glücklicherweise Zeugnisse vorliegen, läßt nichts weniger fraglich erscheinen als die *surrealistische Methode*, ja, läuft vielmehr auf ihre Rechtfertigung hinaus. Das Zitat eines Briefes von Horace Walpole vom 9. März 1765 erscheint mir hier alles andere als irreführend, weil es so aussieht, als hätte ich im *Manifest des Surrealismus* die Aussagen dieses Briefes lediglich paraphrasiert und verallgemeinert: »Soll ich Ihnen den Ursprung dieses Romans verraten? Eines Morgens, Anfang Juni letzten Jahres, bin ich aus einem Traum aufgewacht, und alles, woran ich mich habe erinnern können, war, daß ich mich in einem alten Schloß befand (ein sehr naheliegender Traum für einen Geist, der wie meiner voll gotischer ›Romane‹ steckt). Auf der höchsten Balustrade einer großen Treppe habe ich eine riesige gepanzerte Hand gesehen. Am Abend noch habe ich mich hingesetzt und zu schreiben begonnen, ohne im geringsten zu wissen, was ich sagen oder erzählen würde. Von meiner Erzählung war ich insgesamt so sehr in Anspruch genommen (in weniger als drei Monaten beendet), daß ich eines Abends von der Teestunde gegen sechs Uhr an bis halb zwei Uhr morgens geschrieben habe und daß meine müden Finger dann die Feder nicht mehr halten konnten.« Dieses Zeugnis ist eindeutig: die Botschaft, die über viele andere, durch ihren Zusammenhang höchst bezeichnende Botschaften bestimmen wird, kann nur umgesetzt werden, wenn man sich dem *Traum* und dem Gebrauch des *automatischen Schreibens* anheimgibt. Wir sind aufgefordert, dieses Schreiben hervorzurufen, um einen wichtigen, bisher im Dunkel gebliebenen Punkt zu erhellen: Gibt es Orte, die zur Verwirklichung dieser besonderen, sich in diesen Fällen offenbarenden Form von medialer Fähigkeit prädestiniert sind? Ja, es muß Observatorien für den inneren Himmel geben. Ich meine richtige Observatorien, in der äußeren Welt. Das wäre, könnte man vom surrealistischen Standpunkt aus sagen, die *Frage der Schlösser*: »Einen beträchtlichen Teil seiner Jugend«, schreibt ein Biograph über Lewis, »verbrachte er auf einem sehr alten Rittersitz.« Der unbestrittene Meister des französischen Naturalismus J.K. Huysmans verlegt die von üppigen Träumen unterbrochene und damit die Aktion bedrohende Handlung seines Meisterwerks: *En Rade*, in ein Schloß. Meine eigenen Forschungen, die ergründen sollen, welcher Ort am besten geeignet wäre, um lange verheißungsvolle Wellen zu empfangen, haben mich, wenigstens theoretisch, in eine Art Schloß geführt, das nur noch aus einem Flügel bestand.[4] Erst vor ein paar Monaten, als ich über die These eines bemerkenswerten Films mit dem Titel *Berkeley Square* nachdachte – während der neue Bewohner eines alten Schlosses die Gäste aus einer vergangenen Epoche halluzinatorisch wiedererscheinen

[4] »Il y aura une fois« *(Le revolver à Cheveux blancs,* Denoël et Steele, 1932).

ließ, gelang es ihm nicht nur, sich unter sie zu mischen, sondern er fand auch beim Umgang mit ihnen die Lösung des Problems seines *gegenwärtigen* Verhaltens, eines schwierigen emotionalen Problems –, habe ich mich überzeugen lassen, daß der Mythos des Fortlebens und der möglichen Kommunikation an einem solchen Ort ausgesprochen lebendig geblieben war. Ich glaube, daß das »gotische« Element, obwohl es in dem fraglichen Zyklus von Produktionen gleichsam automatisch auftaucht, nicht als zentral gelten darf. Seine geschichtliche Entwicklung als Stil zum »Flamboyant« hin, sein Aufgehen in Flammen, scheint mir allein ausschlaggebend zu sein für die Beliebtheit, deren es sich erfreut hat. Die Psyche hat, was ihren universellen Anteil angeht, im gotischen Schloß und seinen Anhängseln einen so präzisen Anhaltspunkt gefunden, daß man herausfinden müßte, was das Äquivalent eines solchen Orts in unserer Epoche ist. (Alles läßt darauf schließen, daß es sich keinesfalls um eine Fabrik handelt.) Der Surrealismus ist aber erst dabei, die Verlagerung der höchsten affektiven Spannung in der wunderbaren *Erscheinung* zur beunruhigenden *Koinzidenz*, und zwar von der Zeit des schwarzen Romans bis heute, wahrzunehmen und dazu aufzufordern, sich von diesem letzten Schimmer bereitwillig ins Unbekannte locken zu lassen, der heute, wenn man ihn nur bei jeder Gelegenheit von den gewöhnlichen Lebenstatsachen trennt[5], lebendiger ist als jeder andere.

Im letzten Juni habe ich gesagt, daß mich eine erhebliche Unruhe bei der Aussicht erfaßte, in London eine Gesamtschau des Surrealismus vorzustellen, da die Aufnahme, die sie finden würde, für mich die Bedeutung einer Prüfung annahm. Die Objektivierung und Internationalisierung der surrealistischen Ideen, die im Laufe der vergangenen Jahre immer aktiver betrieben wurden, erreichten für mich in der Tat einen kritischen Punkt. In den Monaten davor hatte sich die Aufmerksamkeit der westlichen Welt auf England gerichtet. Von England hatte man den Ord-

---

[5] Die Arbeit von Marcel Lecomte, *Les Minutes insolites* (Ed. du Paradis Perdu, Brüssel) hat in dieser Hinsicht exemplarische Bedeutung.

nungsruf erwartet, und von England war er gekommen – in einer Form, die sich leider als wirkungslos erwiesen hat –, der Ordnungsruf, der wegen der schändlichen Aggression eines starken Landes gegen ein schwaches Land und der ruchlosen Unterstützungspolitik anderer Länder gegenüber dem Angreifer fällig geworden war. England, denke ich, hat auch die Aufgabe, in dem latenten Konflikt zwischen den *erbärmlichen* Nationalismen Frankreichs und Deutschlands, die beide Völker wieder wie Hunde aufeinander hetzen könnten, den Schiedsrichter zu spielen. Bei der Suche nach einem europäischen Bewußtsein, um nicht zu sagen Welt-Bewußtsein, auf der wir uns befanden – oder uns mehr als jemals zuvor befinden –, wenden wir Surrealisten uns trotz allem England zu. Sicher nicht deshalb, weil wir England in dieser Sache uneingeschränkt huldigen könnten. Wir wollen nicht vergessen, daß die Vervielfältigung der kapitalistischen Widersprüche, von denen das Land nicht verschont bleibt, dazu führen kann, daß seine Autorität in Angelegenheiten des Rechts in Frage gestellt wird. Es ist aber genauso wahr, daß die Sprache, die England zu wiederholten Malen gesprochen hat, und zwar laut gesprochen hat, zu denen zählt, die wir am besten verstehen und die wir weiterhin verstehen werden, solange nicht die *unparteiische* Sprache der Gerechtigkeit und Wahrheit in Umlauf ist. Doch angesichts der Entfesselung unannehmbarer Leidenschaften hat England, schien es manchmal, nicht mit dem Gewicht seiner ganzen Macht reagiert. Alles hält uns, besonders in Frankreich, davon ab, diese Macht, die sich gleichzeitig auf ökonomischem wie auf intellektuellem Gebiet manifestiert, zu unterschätzen. Um sie zu erkennen, habe ich nicht erst London besuchen müssen, wo sie über jedem Stein ihre Flügel breitet. Sie ist mir in aller wünschenswerten Klarheit bei jeder Wendung der Geschichte deutlich geworden, ich möchte sagen, bei jeder Wendung der Legende, das heißt überall, wo der Mensch für den Menschen die zu höheren Zwecken vollbrachten oder zu vollbringenden Taten eingezeichnet hat. In dem Maße, wie der Surrealismus, ich wiederhole es, den Entwurf eines kollektiven Mythos zum Ziele hat, ist er es sich schuldig, die verstreuten Elemente dieses Mythos zu sammeln, angefangen bei denen, die der ältesten und mächtigsten Tradition entstammen (sogar in diesem Sinn kann von »cultural lags« gesprochen werden, um einen Ausdruck aufzugreifen, der in den revolutionären Kreisen Furore gemacht hat). Diese Tradition scheint heute in England weniger erschütterbar als irgendwo anders. Oft genug habe ich mir jedoch hämisch vorhalten lassen müssen, daß diese Tradition ein unüberwindliches Hindernis für einen neuen geistigen Impuls darstelle, der, wie der Surrealismus, in dieses Land eindringen will. Ich dachte mir, daß dieser Impuls, wenn er sich nicht von der Spur hat abbringen lassen, die ich ihm vor zwölf Jahren wies, bei einer solchen Berührung nur noch anwachsen könnte. Während ich die spezifisch englischen Quellen studierte, aus denen sich die Sensibilität Jahrhunderte hindurch gespeist hat, überzeugte ich mich davon, daß auch der Surrealismus reichlich genug aus ihnen geschöpft hat, um nichts befürchten zu müssen. Früher oder später würde man entdecken, daß er alles an sich zu ziehen versuchte, was es an wirklich Produktivem in der Literatur und Kunst der Vergangenheit gibt, und daß er folglich einen ganz besonderen Tribut an die Kunst und Literatur Englands entrichten muß. Es ist einzig der geglückten Initiative unserer englischen Freunde zu danken, daß der Ablauf diese Voraussage bestätigte und daß sich die Wege für eine wechselseitige Verständigung und für eine Zusammenarbeit öffnen, die ich von Stunde zu Stunde, ob fern von ihnen oder bei ihnen, enger und wirksamer werden spüre.

1937

Erinnerung an Mexiko

Rote, unberührte, mit edlem Blut getränkte Erde, eine Erde, auf der das Menschenleben keinen Preis hat, die jederzeit bereit ist, wie die unabsehbaren Agaven, in denen sie zum Ausdruck kommt, sich in einer Blüte aus Begehren und Gefahr zu verzehren. Wenigstens gibt es noch *ein* Land auf der Welt, in dem der Wind der Befreiung nicht abgeflaut ist. 1810 und 1910 hat sich dieser Wind gebieterisch mit dem Klang der grünen Orgeln erhoben, die dort unter dem gewittrigen Himmel aufragen: Eines der bedeutendsten Phantasmen Mexikos ist aus einer riesigen Kandelaberkaktee gemacht, hinter der sich, mit feurigem Blick und einem Gewehr in der Hand, ein Mann erhebt. Über dieses romantische Bild sollte man nicht rechten: Jahrhunderte der Unterdrückung und des unermeßlichen Elends haben ihm bei zweierlei Gelegenheiten eine offenkundige Realität verliehen, und nichts kann etwas daran ändern, daß sie latent fortdauert und daß der scheinbare Schlaf der wüstenhaften Weiten sie weiter in sich birgt. Der bewaffnete Mann in seinen großartigen Lumpen ist stets gegenwärtig, er kann jählings aus dem Unbewußten und dem Unglück hervorbrechen. Abermals wird er sich aus dem erstbesten Gestrüpp an der Straße lösen, er wird, angetrieben von einer unbekannten Kraft, den anderen vorangehen, zum ersten Mal wird er sich in ihnen erkennen. Man soll sich nicht an der Unbeweglichkeit stoßen, die sich am Ende solcher Abenteuer als das Ergebnis militärischer Hierarchie einzustellen pflegt: In Mexiko kann sich jedermann mit dem Titel General schmücken, wenn er in der Lage gewesen ist oder es noch ist, durch eigene Initiative eine gewisse Anzahl von Männern in Bewegung zu setzen, nachdem er sie in den ländlichen Gegenden zusammengesucht hat. Die erwähnten »Generäle«, von denen die meisten in der rauhen Schule Emiliano Zapatas ausgebildet wurden und von denen einige an der Macht sind, haben nach wie

vor, man muß es sagen, etwas von diesem wunderbaren Schwung an sich, der, es wird dreißig Jahre her sein, die »Peones« oder die indianischen Tagelöhner, den rigoros ausgeplünderten Teil der Bevölkerung, siegen ließ. Ich kenne nichts Aufregenderes als die photographischen Dokumente, die das Licht jener Epoche wiedergeben, so zum Beispiel die Ansicht eines der Lager der barfüßigen Aufständischen, die trotz der Unterschiede in Aufzug und Haltung die wilde Entschlossenheit des Blicks eint. Der große Elan mag erschöpft scheinen, die Dörfer, deren Einwohner von dem kärglichen Tausch von Piment gegen Töpferwaren leben, mögen aussehen, als hätten sie die Lider geschlossen, und selbst wenn hier wie anderswo die Korruption die Innenhöfe des Staatsapparats erobert hätte, so ist doch nicht weniger wahr, daß Mexiko von den Hoffnungen bebt, die, eine nach der anderen, in andere Länder gesetzt wurden – die UdSSR, Deutschland, China, Spanien – und die in der jüngsten Periode auf dramatische Weise vereitelt worden sind, von denen wir aber wissen, daß sie über die Mächte, an denen sie zerbrechen, schließlich obsiegen werden, daß sie untrennbar sind von den geheimsten und lebendigsten Regungen des Menschen, daß sie wiedererstehen werden, und sei es auf den Ruinen dieser Zivilisation.
Mit seinen Pyramiden aus mehreren Steinschichten, die sehr unterschiedlichen, sich gegenseitig überdeckenden und einander undeutlich durchdringenden Kulturen entsprechen, lädt uns Mexiko zu dieser Betrachtung über die Ziele der menschlichen Tätigkeit ein. Grabungen geben den Archäologen Gelegenheit, Vermutungen über die verschiedenen Rassen anzustellen, die auf diesem Boden aufeinander gefolgt sind und dabei ihren Waffen und ihren Göttern Geltung verschafft haben. Viele dieser Monumente aber verschwinden unter dichtem Gras und verschmelzen dem Blick mit den Kurven der Berge. Die große Botschaft der Gräber, die sich auf unverdächtigen Wegen sehr viel leichter verbreitet, als sie sich enthüllt, lädt die Atmosphäre elektrisch auf. Mexiko, kaum aus seiner mythologischen Vergangenheit erwacht, wird sich weiter unter dem Schutz Xochipillis entfalten, des Gottes der Blumen und der Poesie, und Couatlicues, der Göttin der Erde und des gewaltsamen Todes, deren Bildnisse, an

Leidenschaftlichkeit und Intensität alle anderen übertreffend, von einem Ende des Nationalmuseums zum anderen, über die Köpfe der Indio-Bauern, der häufigsten und andächtigsten Besucher, hinweg geflügelte Worte und rauhe Schreie miteinander wechseln. Diese Kraft, das Leben und den Tod miteinander zu versöhnen, ist ohne Zweifel der hervorstechende Reiz Mexikos. In dieser Hinsicht hält es einen unerschöpflichen Vorrat an Sensationen parat, von den angenehmsten bis zu den verfänglichsten. Ich wüßte nicht, was uns besser helfen könnte, ihre extremen Ausformungen zu entdecken, als die Photographien von Manuel Alvarez Bravo.[1] Da ist eine Schreinerei für Kindersärge (die Kindersterblichkeit erreicht in Mexiko fünfundsiebzig Prozent): Die Beziehung zwischen Licht und Schatten, zwischen Kistenstapeln, der Leiter, dem Rost, und das poetisch mitreißende Bild, das durch den Schalltrichter im unteren Sarg zustande kommt, beschwört exemplarisch die Atmosphäre herauf, in die das ganze Land gehüllt ist. Da ist das Ensemble aus einem mumifizierten Kopf und einer mumifizierten Hand: Die Haltung der Hand und der Funken, den das Aneinanderdrücken der Zähne und des Fingernagels endlos hervorbringt, beschreiben eine schwebende, schwirrende, von gegensätzlichen Kräften beherrschte Welt. Da ist die Ecke in einem indianischen Friedhof, in dem die Margeriten, aus dem Schuttboden hervorsprießend, geheimnisvolle Beziehungen mit Bögen aus gebleichten Federn eingehen. Und schließlich ist da ein Mädchen oder eine Frau, eine Situation, in die bei hellichtem Tag ein dramatisches Element eingeführt wird durch den umgedrehten weißen Hut, mit dem sich die Luftöffnung verschließen läßt, das Bröckeln der Mauer, das Gefühl der Dauerhaftigkeit, das von der mühelosen, anmutigen Bewegung der Füße herrührt, und diese Dramatik wird verstärkt durch das unvermutete Auftauchen eines schwarzen Segels, das sich vor einem Eisberg aus trocknender Wäsche abhebt. Jeder Zufall scheint aus dieser Kunst verbannt – das schwarze Pferd auf dem schwarzen Haus – zugunsten der Wahrnehmung jenes einzig von Wahrsagereien durchlöcherten Verhängnisses, das die größten

[1] Cf. *Minotaure,* Nr. 12-13, 1939.

Werke aller Zeiten beseelt hat und dessen Verwahrer heute Mexiko ist.

Ist der Palast des Verhängnisses nicht jener Platz in Guadalajara, an dem ich mich mehrmals aufgehalten habe? Als Diego Rivera und ich nach alten Gemälden und Objekten Ausschau hielten, hatte uns der Museumswärter zu einem alten Zwischenhändler geschickt, dessen Schädel dem von Elisée Reclus aufs Haar glich. Dieser zerlumpte und sympathische Mann, der sich anheischig machte, zu finden, was wir suchten, wies uns sogleich darauf hin, daß er als Kommission nur Lotteriescheine entgegennähme. Er vertraute uns an, daß er im Laufe seines Lebens schon sechsundzwanzigtausend Piaster für den Kauf solcher Scheine ausgegeben hatte und daß man, nachdem er niemals irgend etwas gewonnen hatte, von ihm billigerweise nicht erwarten dürfe, daß er es dabei bewenden lasse. Während er uns zu sich nach Hause führte, bot er mir einen kleinen polierten Stein an, in dessen Maserung er das Bild von Notre Dame de Guadalupe erkannt hatte; aber er lehnte in der Tat jede Bezahlung in Bargeld ab.

Um zu seinem Unterschlupf zu gelangen, mußten wir einen unbeschreiblichen Hof durchqueren und bizarre Treppenstufen erklimmen, eine Konstellation, deren Bestandteile an Aufrisse aus der Traumsphäre gemahnten. So vertraut das Auge mit der barocken Architektur und Ornamentik der Kolonialzeit in Mexiko auch sein mag, es reagiert auf Szenerien wie das Interieur dieses ehemaligen Stadthauses, das die Beute einer zehrenden Schmarotzerkrankheit geworden ist, ebenso fasziniert wie befremdet. Die monumentalen Treppen erweitern sich zu Absätzen, die mit ihren Halb-Balustern in verblichenem Grün Freitreppen in einem Park nachgebildet sind.[2] Die Absätze ruhen auf hohen Stra-

---

[2] Es ist sehr schwierig, solche Orte in Worte zu fassen. Ich sitze gerade über dieser Beschreibung, als man mir einen Brief von einem Freund bringt. Obwohl er von etwas ganz anderem handelt, erscheint er mir als eine merkwürdige Hilfe, die wunderbar rechtzeitig kommt, um bei mir die Lücken des Ausdrucks und der Erinnerung zu schließen. Mein Gefühl, daß in solchen Interferenzen eine dunkle Notwendigkeit stecke, verlockt mich, diesen Brief vollständig zu zitieren:

»Marseille, am 21. März 1939

In einem Laden in Marseille habe ich zufällig (für einen Franc) die Ombres de poésie von Xavier Forneret gefunden. Dieses Exemplar, das dem ›berühmten‹

ßenlaternen, deren Konfiguration sich in der trompe-l'œil-Malerei auf den Wänden fortsetzt. Säulenreihen, deren Schäfte fast authentisch wirken, verlieren sich beim Weitergehen in einem Dunst von Illusion. Die Täfelungen, die von blauen Streifen durchbrochen sind und aus der Nähe nicht weniger enttäuschen als Theaterspiegel, sind in Schattierungen gestrichen, die Luftströmungen, die sich verdicken, oder stehendem Wasser nachgeformt scheinen. In der ersten Etage kommt man an einer vermauerten Tür vorbei, genauer: an einem Türumriß. Wie ich später erfahren habe, wurde der Raum, in den sie führte, verschlossen, nachdem dort die Einbalsamierung der ehemaligen Hausherrin vorgenommen worden war, der Mutter der rechtmäßigen Hausbesitzer, die den Wunsch gehabt hatte, für immer in diesem Gehäuse zu ruhen. Die offenbare Ungeordnetheit dieses Hauses sucht ihre Rechtfertigung in der unsichtbaren und deshalb um so übermächtigeren Anwesenheit der großen Dame.

Auf der oberen Galerie sang an diesem Morgen ein elegant wirkender Mann aus vollem Halse. Nur mit Mühe konnte ich meinen Blick von ihm abwenden, obwohl ein anderes Schauspiel meine Aufmerksamkeit anzog: die halb abgeteilten und mit Fundstücken überdachten Winkel des Hofes; in ihnen waren ganze Familien von Armen untergekrochen, die so ungezwungen ihren Geschäften und Spielen nachgingen, als wären sie bei ihrem Wohnwagen. Andere Gemeinschaften hatten die kleinste Treppennische in Besitz genommen: Im Halbdunkel hinter den Säulen entdeckte man dort Frauen, die sich an einem Wasserfaß zu

---

Kritiker de Pontmartin gehört haben mußte, enthält handgeschriebene, in ironischer Manier verfertigte Verse des erwähnten Mannes. Dazu gehört auch dieses ›kritische‹ Blättchen, das ich Ihnen schicke.

Ich bin gespannt, was Sie von Mexiko zu berichten haben werden. Gibt es weitere Nummern von *Cle*? Erscheint *Minotaure* nicht mehr? Ich arbeite zur Zeit an einem für Sie reizvollen Thema: die heilige Therese war nur eine Heilige.

François Secret

PS. Kennen Sie den Turm des Wahnsinnigen zwischen Lourmarin und dem Schloß von La Coste (Sade)? Ein Turm, gebaut mitten im Lubéron wie ein Leuchtturm, flankiert von einem eisenbeschlagenen Haus und geschützt von Befestigungsanlagen à la Vauban. Zu diesem mauerlosen Schloß gehört jedoch ein Rundgang, der zu einem Jagdpavillon mit Schießscharten führt. Mitten in dem Garten voller Buchsbäume stehen Klosterarkaden. Ein Datum: 1880.«

schaffen machten, und zwei oder drei Männer an einer Hobelbank. Der Sänger, der seine Stimme keineswegs dämpfte, als wir uns näherten, schien uns nicht zu bemerken – er war einer von jenen Figuren, die in dieser merkwürdigen Welt Tag für Tag Bildern El Grecos entsteigen. Sein Rang an diesem Ort schien mir seiner Statur nicht angemessen und auch nicht der Veräußerung seines Deliriums, die unter außergewöhnlich günstigen Umständen stattfand. Dieser Rang war unbestreitbar gesellschaftlicher Natur, was sich bestätigte, als man mich darauf hinwies, daß er der älteste Sohn der ehemaligen Besitzerin sei, und daß allein sein Geisteszustand kraft Gesetz dem Verkauf des Hauses und der Teilung des Erlöses zwischen ihm und den beiden anderen Erben im Wege stehe. Ich staune immer noch über seine Einsamkeit in diesem Rahmen und über das, was sein Verhalten an Signalen der Feudalepoche lebendig hielt, während die Barbaren, zu denen ich gehörte, an den Türen der Zimmer lagerten und ihre ruchlose und immense Frechheit diesen letzten Altar mit Flügeln aus Pappe unterminierte ... Ganz Mexiko war hier gegenwärtig, in seiner plötzlichen Karriere, zu der es durch die Nachbarschaft eines ökonomisch hochentwickelten Landes gezwungen ist, übergangslos, in einer Folge schwindelerregender Aufschwünge wie am Trapez. Unterdessen hatte ich Gelegenheit, den Bruder dieses sonderbaren Überlebenden kennenzulernen, der auf der Mastspitze seines Floßes zu dem Glauben gelangen konnte, er habe die Wogen der Zeit zum Stillstand gebracht. Ohne Anzeichen von Hochmut oder von Auffälligkeit war er mit einem kleinen Koffer an der Hand zum Essen nach Hause zurückgekehrt. Dieser Koffer, den er bedächtig vor unseren Augen aufschloß, enthielt die billigsten Schmuckstücke der Familie, und zwar jene, die er bei seinen täglichen Gängen zu den Händlern noch nicht hatte absetzen können. Er erzählte uns, daß man den ehemaligen Bediensteten – der Gelegenheitshändler, der uns hergebracht hatte, war einer von ihnen – als Ausgleich für das Gehalt, das man ihnen seit langem schuldete und das man ihnen auch nie mehr auszahlen würde, eine geringe Anzahl beweglicher Objekte überlassen hatte, wobei man ihnen anheimstellte, sich ihrer gewinnbringend zu entledigen. Diese Objekte nun hatten

offensichtlich nach und nach alle Beteiligten in die Korruption hineingezogen. Unter den gleichgültigen Blicken der Herrschaften hatten sich die Bediensteten ihrerseits in einem Schwindlerleben verschanzt, das sie rasch für Gaunereien empfänglich machen mußte: Während sie ständig nach dem Besucher Ausschau hielten, dem sie eine Lampe, eine Uhrkette oder ein Schachspiel anbieten könnten, war ihr Vorrat an Stücken stetig angewachsen und hatte sie dazu verleitet, das einst herrschaftliche Anwesen, ohne ihr Zimmer verlassen zu müssen, rüde auszuplündern.
Bevor ich die Stadt verließ, wollte ich den verkommenen Palast wiedersehen. Ich hatte Angst, ihn ausgelöscht zu finden und den Schlüssel zu verlieren, mit dessen Hilfe er sich mir in einigem Abstand öffnen könnte. Was für eine Empfindung von noch nicht gekannter Art, die um so intensiver war, als sie sich von Sekunde zu Sekunde zu der Gewißheit steigerte, sich so niemals wieder einzustellen, erwartete mich hinter der Tür des Salons! Zu dieser Vormittagsstunde waren die Jalousien über dicken roten Vorhängen herabgelassen, der Raum mit seinem schweren Holzwerk war düster und leer, obwohl ein Klavier zurückgeblieben war. Ein zauberhaftes Geschöpf von sechzehn, siebzehn Jahren, mit gelösten Haaren, hielt sich darin auf, es hatte mir geöffnet, und nachdem es einen Besen abgestellt hatte, lächelte es mit einem Lächeln, das die Welt aus den Angeln hebt und in das nicht der mindeste Anflug von Verlegenheit Einlaß fand. Diese Jungfrau bewegte sich mit äußerster Anmut. An ihren ebenso aufregenden wie harmonischen Bewegungen konnte man ablesen, daß sie unter einem zerschlissenen weißen Abendkleid nackt war. Die Faszination, die sie in jenem Augenblick auf mich ausübte, war so mächtig, daß ich versäumte, mich nach ihrer Herkunft zu erkundigen: Wer mochte sie sein, die Tochter oder Schwester eines der Wesen, die an diesen Orten in der Epoche ihrer Pracht umgegangen waren, oder zählte sie zu der Sippschaft der Eindringlinge? Gleichviel, solange sie da war, kümmerte mich ihre Herkunft nicht, es genügte mir vollauf, für ihr Dasein dankbar zu sein. *So ist die Schönheit.*

1938

Für eine unabhängige revolutionäre Kunst

Man kann ohne Übertreibung behaupten, daß die menschliche Zivilisation nie zuvor von so vielen Gefahren bedroht worden ist wie heute. Die Vandalen zerstörten mit Hilfe ihrer barbarischen, daß heißt höchst unsicheren Mittel die antike Kultur in einem begrenzten Teil Europas. Jetzt ist es die Kultur der ganzen Welt in der Geschlossenheit ihres historischen Schicksals, die unter der Bedrohung reaktionärer, mit der ganzen modernen Technik bewaffneter Kräfte ins Wanken gerät. Wir haben dabei nicht nur den sich nahenden Krieg im Auge. Schon jetzt, in Friedenszeiten, ist die Situation der Wissenschaft und der Kunst absolut unerträglich geworden.

Was immer sie an Individuellem in ihrem Werdegang enthält, was sie an subjektiven Qualitäten auch immer ins Werk setzt, um ein bestimmtes Faktum freizulegen, das eine objektive Bereicherung zur Folge hat, eine philosophische, soziologische, naturwissenschaftliche oder künstlerische Entdeckung erscheint doch immer als die Frucht eines kostbaren *Zufalls*, das heißt als eine mehr oder weniger spontane Manifestation der *Notwendigkeit.* Man sollte einen solchen Zu-Fall nicht außer acht lassen, sowohl vom Standpunkt der allgemeinen Wissenschaft (die danach trachtet, die Interpretation der Welt voranzubringen) als auch vom revolutionären Standpunkt aus (der, um die Veränderung der Welt zu erreichen, fordert, daß man sich eine genaue Vorstellung von den Gesetzen mache, die ihre Bewegung bestimmen). Genauer gesagt, man dürfte nicht desinteressiert bleiben an den geistigen Voraussetzungen, unter denen dieser Zu-Fall beständig vor sich geht, und sollte daher darüber wachen, daß die Achtung vor jenen spezifischen Gesetzen garantiert wird, an die das intellektuelle Schaffen gebunden ist.

Nun nötigt uns aber die gegenwärtige Welt, die immer allgemeiner werdende Verletzung dieser Gesetze festzustellen, eine Verletzung, der notwendigerweise eine zunehmend offenbar werdende Herabwürdigung nicht nur des Kunstwerkes, sondern auch der »künstlerischen Persönlichkeit« entspricht. Der Hitlerische Faschismus hat, nachdem er alle jene Künstler aus Deutschland entfernt hat, bei denen zu gewissem Grade Freiheitsliebe, und sei sie auch nur formaler Art, zum Ausdruck gekommen war, diejenigen, die noch willens waren, die Feder oder den Pinsel zu führen, genötigt, sich zu Knechten des Regimes zu machen und es in den äußerlichen Grenzen schlimmster Konvention gebührend zu feiern. Mit Ausnahme der publizistischen Medien ist es in der UdSSR in der Zeit der wildesten Reaktion, die im Augenblick ihren Höhepunkt erreicht hat, ebenso gewesen.

Es muß nicht erst gesagt werden, daß wir uns zu keinem Zeitpunkt – wie günstig er auch sein mag – mit der Parole »Weder Faschismus noch Kommunismus!« solidarisch erklären, die der Natur des konservativen und erschreckten Philisters entspricht und sich an die Überreste einer »demokratischen« Vergangenheit klammert. Wahre Kunst, das heißt Kunst, die sich nicht mit Variationen über bereits gegebene Modelle zufriedengibt, sondern danach strebt, den inneren Bedürfnissen des Menschen und der heute lebenden Menschheit Ausdruck zu verleihen, kann nicht anders als revolutionär sein, das heißt, sie kann nur eine vollständige und radikale Neuordnung der Gesellschaft anstreben, und sei dies nur, um die intellektuelle Tätigkeit aus den Ketten zu befreien, die sie niederhalten, und um so der ganzen Menschheit möglich zu machen, sich in Höhen zu erheben, die in der Vergangenheit nur einsame Genies erreicht haben. Gleichzeitig bekennen wir, daß allein die soziale Revolution den Weg zu einer neuen Kultur bahnen kann. Wenn wir indessen alle Solidarität mit der gegenwärtig in der UdSSR regierenden Kaste zurückweisen, so nur deshalb, weil sie in unseren Augen nicht den Kommunismus repräsentiert, sondern vielmehr sein perfidester und gefährlichster Feind ist.

Unter dem Einfluß des totalitären Regimes der UdSSR und durch die Vermittlung der sogenannten »kulturellen« Organe, die sie in anderen Ländern kontrolliert, hat sich ein tiefer Dämmer über die ganze Welt gelegt, der der Hervorbringung jeder

Art von geistigen Werten feind ist. Ein Dämmer aus Schmutz und Blut, in dem, als Intellektuelle und Künstler verkleidet, jene Männer die Hand im Spiele haben, die sich aus der Servilität einen Machtbereich, aus der Verleugnung ihrer eigenen Prinzipien ein perverses Spiel, aus käuflicher Verleumdung eine Gewohnheit und aus der Verherrlichung des Verbrechens ein Vergnügen gemacht haben. Die offizielle Kunst der stalinistischen Epoche spiegelt mit einer Grausamkeit, die in der Geschichte ohne Beispiel ist, ihre höhnischen Bemühungen wider, hinters Licht zu führen und ihre wahre Söldnerrolle zu maskieren.

Die heimliche Mißbilligung, welche in der künstlerischen Welt eine schamlose Negation jener Prinzipien hervorgerufen hat, denen die Kunst immer gefolgt ist – und die so total abzustreiten selbst auf Sklaverei gegründete Staaten sich nicht unterstanden haben –, soll einer unerbittlichen Verurteilung Platz machen. Die künstlerische *Opposition* ist heute eine der Kräfte, die wirksam zur Diskreditierung und zum Untergang jener Regimes beitragen können, unter denen zugleich mit dem Recht der ausgebeuteten Klasse, eine bessere Welt anzustreben, auch jedes Gefühl für menschliche Größe und sogar Würde zugrunde geht.

Die kommunistische Revolution fürchtet die Kunst nicht. Sie weiß, daß nach Abschluß der Forschungen, die man über die Entwicklung der künstlerischen Berufung in der sich auflösenden kapitalistischen Gesellschaft anstellen kann, die Determination dieser Berufung nur als das Resultat eines Zusammenpralls zwischen dem Menschen und einer gewissen Anzahl sozialer Formen angesehen werden kann, die ihm feindlich sind. Dieser Umstand allein macht, mit Ausnahme des Bewußtseinsgrades, der noch zu erwerben ist, den Künstler zum empfänglichen Verbündeten. Der Mechanismus der *Sublimierung*, der in solchen Fällen eintritt und den die Psychoanalyse nachgewiesen hat, hat den Zweck, das gestörte Gleichgewicht zwischen dem kohärenten »Ich« und den verdrängten Elementen wiederherzustellen. Diese Wiederherstellung geschieht zum Wohle des »Über-Ich«, das sich gegen die gegenwärtige unerträgliche Wirklichkeit auflehnt, gegen alle Mächte der Innenwelt, des »Ich«, *das allen Menschen gemeinsam* und beständig auf dem Weg der Entfaltung in das Werden ist.

Das Bedürfnis des Geistes nach Emanzipation braucht nur seiner natürlichen Bahn zu folgen, um schließlich mit dieser ursprünglichen Notwendigkeit zu verschmelzen und aus ihr neue Kräfte zu ziehen: dem Bedürfnis des Menschen nach Emanzipation.

Daraus folgt, daß die Kunst, wenn sie nicht verkommen will, sich keiner fremden Direktive beugen und nicht gefügig die Rahmen füllen kann, die manche ihr zu äußerst kurzsichtigen, pragmatischen Zwecken glauben zuweisen zu können. Es ist besser, sich der Fähigkeit zur Präfiguration anzuvertrauen, die das Erbe eines jeden wahren Künstlers ist, was den Beginn der (virtuellen) Auflösung der schwerwiegenden Widersprüche seiner Zeit in sich schließt und das Denken seiner Zeitgenossen auf die Vordringlichkeit der Setzung einer neuen Ordnung richtet.

Die Vorstellung, die der junge Marx sich von der Rolle des Schriftstellers machte, verlangt heute lebhaft nach Erinnerung. Es ist klar, daß diese Idee auf künstlerischer wie auf wissenschaftlicher Ebene auf die verschiedenen Kategorien von schöpferisch Arbeitenden und Forschern erweitert werden muß. »Der Schriftsteller«, sagte er, »muß natürlich Geld verdienen, um leben und arbeiten zu können, aber er darf auf keinen Fall leben und arbeiten, um Geld zu verdienen ...« »Der Schriftsteller«, sagte er, »muß allerdings erwerben, um existieren und schreiben zu können, aber er muß keineswegs existieren und schreiben, um zu erwerben. [...] Der Schriftsteller betrachtet keineswegs seine Arbeiten als *Mittel.* Sie sind *Selbstzweck*, sie sind so wenig Mittel für ihn selbst und für andere, daß er *ihrer* Existenz *seine* Existenz aufopfert, wenn's not tut. [...] *Die erste Freiheit der Presse besteht darin, kein Gewerbe zu sein.*« Es ist mehr denn je angebracht, diese Erklärung jenen vorzuhalten, welche vorgeben, die intellektuelle Aktivität Zielen unterzuordnen, die außerhalb von ihr liegen und welche, ungeachtet aller historischen Determinationen, die ihr eigen sind, im Dienste einer vermeintlichen Staatsräson die Themen der Kunst schulmeisterlich verwalten. Die freie Wahl dieser Themen und die absolute Uneingeschränktheit auf dem Gebiet seiner Forschung stellen für den Künstler ein Gut dar, das er zu Recht als unveräußerlich betrachtet. In Sachen der künstlerischen Arbeit ist es von größter Bedeutung, daß die Ein-

bildungskraft jedem Zwang entrinnt, sich unter keinem Vorwand einen Instanzenweg aufzwingen läßt. Denjenigen, die uns dazu drängen, heute oder morgen zuzulassen, daß die Kunst einer Disziplin unterworfen werde, die wir für radikal unvereinbar mit ihren Mitteln halten, stellen wir ein Machtwort entgegen und unseren wohlüberlegten Willen, indem wir uns an die Formel halten: *In der Kunst ist alles erlaubt.* Selbstverständlich erkennen wir dem revolutionären Staat das Recht zu, sich gegen die aggressive bourgeoise Reaktion zu verteidigen, selbst wenn diese sich mit der Fahne der Wissenschaft oder der Kunst bemäntelt. Aber zwischen diesen aufgezwungenen und temporären Maßnahmen revolutionärer Selbstverteidigung und dem Anspruch, über das intellektuelle Schaffen der Gesellschaft das Kommando zu führen, liegt ein Abgrund. Wenn die Revolution auch gehalten ist, zur Entwicklung produktiver materieller Kräfte ein *sozialistisches* Regime nach zentralem Plan aufzurichten, so muß sie doch von Anfang an für die intellektuelle Arbeit ein *anarchistisches* Regime individueller Freiheit etablieren und sichern. Keine Autorität, kein Zwang, nicht die geringste Spur von Befehl! Die verschiedenen Gesellschaften der Wissenschaftler und die Kollektive der Künstler, die daran arbeiten werden, Aufgaben von nie dagewesener Bedeutung zu lösen, können nur auf der Basis freier schöpferischer Freundschaft, ohne den geringsten Zwang von außen, fruchtbare Arbeit leisten und sie zur Entfaltung bringen.
Aus allem, was bisher gesagt wurde, geht klar hervor, daß wir mit der Verteidigung der Freiheit künstlerischen Schaffens keinesfalls die politische Indifferenz zu rechtfertigen wünschen und daß es uns fern liegt, eine sogenannte »reine« Kunst wieder zum Leben erwecken zu wollen, die für gewöhnlich den unreinsten Zwecken der Reaktion dient. Nein, wir haben eine zu hohe Vorstellung von der Funktion der Kunst, um ihr einen Einfluß auf das Schicksal der Gesellschaft zu verweigern. Wir halten es für die höchste Aufgabe der Kunst unserer Zeit, bewußt und aktiv an der Vorbereitung der Revolution teilzunehmen. Jedoch kann der Künstler dem Emanzipationskampf nur dienen, wenn er subjektiv von dessen sozialem und individuellem Gehalt durchdrungen ist, wenn dessen Sinn und Drama durch seine Nerven gegangen

sind und er in aller Freiheit versucht, seiner Innenwelt eine künstlerische Inkarnation zu verleihen.

Im gegenwärtigen Zeitraum, der vom Todeskampf des Kapitalismus, sei er nun demokratischer oder faschistischer Natur, gekennzeichnet ist, läuft der Künstler Gefahr, sogar ohne daß er es nötig hätte, seiner sozialen Dissidenz eine sichtbare Form zu geben, das Recht auf Leben aberkannt zu bekommen und sein Werk nur dann fortsetzen zu können, wenn er sich vor dieser Gefährdung aus allen Medien der Verbreitung zurückzieht. Es ist natürlich, daß er sich zunächst den stalinistischen Organisationen zuwendet, die ihm die Möglichkeit bieten, seiner Isolierung zu entgehen. Aber der Verzicht auf alles, was seine eigene Botschaft ausmachen kann, und die erschreckend degradierenden Willfährigkeiten, die diese Organisationen im Austausch gegen gewisse materielle Vorteile von ihm fordern, verbieten es ihm, sich dort zu behaupten, solange die Demoralisierung nicht wirksam genug ist, mit seinem *Charakter* fertig zu werden. Von diesem Augenblick an muß er begreifen, daß sein Platz anderswo ist, nicht unter denen, die die Sache der Revolution und notwendigerweise damit zugleich auch die Sache der Menschen verraten, sondern bei denen, die ihre unerschütterliche Treue gegenüber den Prinzipien dieser Revolution unter Beweis stellen, bei denen, die aus diesem Grunde allein qualifiziert sind, ihr zu helfen, sich zu vollziehen und durch sie den späteren freien Ausdruck für alle Arten menschlicher Kreativität zu sichern.

Der Zweck dieses Aufrufs ist, für die Vereinigung der revolutionären Verfechter der Kunst eine Basis zu finden, der Revolution mit den Methoden der Kunst zu dienen und die Freiheit der Kunst selbst gegen die Usurpatoren der Revolution zu verteidigen. Wir sind davon überzeugt, daß eine Begegnung der verschiedensten Repräsentanten ästhetischer, philosophischer und politischer Tendenzen auf dieser Basis möglich ist. Die Marxisten können hier Hand in Hand gehen mit den Anarchisten, unter der Bedingung, daß sie beide unerbittlich mit dem reaktionären Polizeigeist brechen, sei er nun durch Josef Stalin oder durch seinen Vasallen García Oliver repräsentiert.

Tausende und Abertausende isolierter Denker und Künstler, deren Stimme vom widerwärtigen Getöse angeworbener Verfälscher überdeckt wird, sind zur Zeit über die ganze Welt verstreut. Zahlreiche kleine lokale Zeitschriften versuchen, junge Kräfte um sich zu scharen, die neue Wege und nicht Subventionen suchen. Jede progressive Tendenz in der Kunst ist vom Faschismus als Entartung gebrandmarkt worden. Alle freie künstlerische Tätigkeit ist vom Stalinismus für faschistisch erklärt worden. Die unabhängige revolutionäre Kunst muß sich zum Kampf gegen die reaktionären Verfolgungen sammeln und ihre Daseinsberechtigung laut proklamieren. Eine solche Vereinigung ist das Ziel der »Fédération Internationale de l'Art Révolutionnaire Indépendant« [F.I.A.R.I.], die zu gründen wir für notwendig erachten.

Wir haben keineswegs die Absicht, jede der in diesem Aufruf enthaltenen Ideen, die wir selbst nur für einen ersten Schritt auf dem neuen Wege halten, andern aufzudrängen. Alle Vertreter der Kunst, alle ihre Freunde und Verteidiger, die die zwingende Notwendigkeit dieses Aufrufes einsehen, fordern wir auf, unverzüglich ihre Stimme zu erheben. Wir richten den gleichen Wunsch an alle unabhängigen linken Publikationen, die bereit sind, an der Gründung der Fédération Internationale, bei der Sichtung ihrer Aufgaben und ihrer Aktionsmethoden mitzuwirken.

Sobald durch Presse und Korrespondenz ein erster internationaler Kontakt hergestellt ist, werden wir zur Organisation bescheidener lokaler und nationaler Kongresse fortschreiten. Nach diesem Stadium wird sich ein Weltkongreß versammeln, der sich der Gründung der Fédération Internationale offiziell widmen wird.

Was wir wollen:
die Unabhängigkeit der Kunst – für die Revolution
die Revolution – für die endgültige Befreiung der Kunst.

André Breton, Diego Rivera
Mexiko, am 25. Juli 1938

Besuch bei Leo Trotzkij[1]

Genossen,
Ihr erwartet von mir keine politische Erklärung. Fast drei Monate sind seit meiner Rückkehr aus Mexiko vergangen, drei Monate, in denen die Stimme des Genossen Trotzkij wiederholt zu uns gedrungen ist, drei Monate, in denen der Genosse Trotzkij, der die neuen Aspekte der politischen und sozialen Entwicklung präzise analysiert hat und den Aktualitäten jeweils an die Wurzel gegangen ist, die große Entfernung zwischen uns überwunden und in den Organen der 4. Internationale die revolutionäre Bewegung immer wieder beraten hat. Die Ereignisse, die im Laufe der letzten drei Monate eingetreten sind, sind so undurchsichtig gewesen, daß die Analyse der internationalen Lage, die er, wie ich erlebt habe, mit ungebrochener Genauigkeit und Souveränität vorgenommen hat, eine neue Einstellung auf die neuen Gegebenheiten gebietet. Unschwer könnte nachgewiesen werden, daß Trotzkij in seinen Voraussagen von damals mehr als jeder andere dem nahegekommen ist, was heute Wirklichkeit ist. Genossen, ihr, deren Interesse mit seinem Interesse verschmilzt, seid ebensogut wie ich imstande, diesen Nachweis zu führen. Deshalb will ich mich hier auf ein individuelles Zeugnis beschränken.
Es liegt auf der Hand, daß es in unserer Zeit nicht möglich ist, sich vom Beruf eines unabhängigen Schriftstellers zu ernähren, jedenfalls dann nicht, wenn man sich gezielt in einer Weise zu Problemen zu äußern gedenkt, die den Bruch mit der bürgerlichen Gesellschaft offenbar macht. Aus dieser Situation gibt es Auswege, gewiß: entweder die Kritik allmählich stumpf werden zu lassen, bis sich die Gesellschaft anschickt, ihren Kritiker als verlorenen Sohn zu feiern, oder sich in eine Opposition einzurei-

[1] Rede, gehalten in Paris am 11. November 1938 auf der Versammlung des P.O.I. (Parti Ouvrier Internationaliste) zum Jahrestag der Oktoberrevolution.

hen, die, wenigstens vorläufig, durchaus erholsam ist und sich für den Intellektuellen zugleich finanziell lohnt: die stalinistische Opposition. Sofern dieser Schriftsteller sich bereit erklärt, einen entsetzlichen historischen Betrug zu kaschieren, hat der Stalinismus für ihn ein fast unbegrenztes Sortiment an Posten und Aufgaben parat, die wahrzunehmen überaus lukrativ ist. Weil ich weder in den einen noch in den anderen Verzicht, ja Verrat einwilligen wollte, hat mich meine äußerst angespannte materielle Lage dazu gezwungen, mich um ein Lehramt im Ausland zu bewerben. Die angeblich zuständigen Abteilungen des Außenministeriums, an die ich mich zu diesem Zweck wenden mußte, haben nach sorgfältiger Prüfung meiner »ideologischen Position«, wie sie sich in meinen früheren Tätigkeiten abzeichnet, den Schluß gezogen, daß ich nicht in ein Land geschickt werden sollte, das unter einem autoritären Regime lebt oder in dem über kurz oder lang mit einem solchen Regime zu rechnen ist. Unter diesen Umständen schrumpften meine Chancen so sehr zusammen – es ist bitter, das heute erwähnen zu müssen –, daß man mir einzig die Wahl zwischen der Tschechoslowakei und Mexiko blieb. Ich wählte Mexiko und hörte dann lange Zeit nichts mehr. Erst Ende letzten Jahres, als ich mich schon nach den Gründen für das Schweigen erkundigen wollte, schlug man mir vor, ich solle nach Mexiko-City reisen, um an der Universität dort in einer Folge von Vorträgen über den Stand der Dichtung und der Malerei in Europa zu berichten.
Ihr fragt euch sicher, Genossen, weshalb ich euch die Umstände dieser Reise dazulegen wünsche. Die Antwort ist einfach: einige unserer Gegner haben nichts unversucht gelassen, diese Umstände zu verdrehen, und sie versuchen dies immer noch. Ein Mitglied des »Maison de la Culture«, ein recht gefährlicher Hetzer mit Namen Tristan Tzara, fand offene Ohren für seine Lüge, ich sei in einer Mission des Außenministeriums zu Trotzkij entsandt worden. Gleichzeitig mit meiner Abreise gingen in Paris Briefe ab – und kamen vor mir in Mexiko an, weil sie von New York mit dem Flugzeug befördert wurden –, in denen die bedeutendsten mexikanischen Schriftsteller und Künstler in verleumderischer Weise vor mir gewarnt wurden. Die meisten der Emp-

fänger wußten zum Glück, was sie sowohl von mir als auch von den Methoden zu halten hatten, deren sich Stalinisten zu bedienen pflegen. Und einem der Adressaten habe ich zu verdanken, daß ich euch dieses Dokument zur Kenntnis bringen kann:

»Lieber Genosse und Freund,
es liegt uns daran, Sie über die Position André Bretons zu unterrichten, der sich zu einer Vortragsreise in Ihr Land begeben soll, und wir bitten Sie, Ihrerseits unsere Freunde in Mexiko zu unterrichten.
André Breton, Abgesandter der Propagandaabteilung des Außenministeriums, das immer noch für seine reaktionäre Politik bekannt ist, hat stets gegen die Volksfront Stellung bezogen und sich zu diesem Zweck mit undurchsichtigen politischen Elementen verbündet. Seine gegen die Spanische Republik gerichtete Aktion hat die hinterhältigsten Formen angenommen, auch wenn sie sich auf einen vagen verbalen Revolutionarismus beruft.
Als erklärter Bewunderer Trotzkijs hat er sich stets gegen die Aktionen der Internationalen Vereinigung der Schriftsteller gewandt, und aus diesem Grund wurde ihm auf dem ersten Kongreß der Schriftsteller das Rederecht verweigert.
Weil wir Mißverständnisse befürchten, liegt uns daran, Sie über die wirkliche Situation der Literatur in Frankreich zu informieren. Mit ...
Für das Internationale Sekretariat:

gez. René Blech.«

Genossen, für diejenigen unter euch, die es nicht wissen, will ich in Erinnerung rufen, daß meine Haltung und die meiner surrealistischen Freunde gegenüber dem spanischen Bürgerkrieg niemals Anlaß zu Zweifeln gegeben hat. Vom Beginn des Konflikts an habe ich, haben wir die Kräfte der Regression und der Verfinsterung, die für seinen Ausbruch verantwortlich waren, beim Namen genannt. Wir haben unsere ganze Hoffnung in den ersten Sprung gesetzt, der das arbeitende Spanien nach vorn gerissen hat, der die in der Gefahr eingeleitete Bildung der allein sinnvollen und stichhaltigen Allianz zum Ziel hatte und der die Zerschlagung der religiösen Apparate und, vor allem, den Entwurf einer aktiven revolutionären Konzeption begründete, einer Konzeption, die sich nach den Tatsachen richtete, ohne sich um die Reproduktion virulenter oder verlöschender Ideologien zu kümmern, und die die fundamentalen Interessen unserer Genossen von der F.A.I., der C.N.T., dem P.O.U.M. und, nicht zu vergessen, dem P.S.U.C.* bündeln sollte, und zwar in dem Maße, wie der P.S.U.C. sein Zögern gegenüber den anderen aufgäbe. Ist das deutlich genug? Wir haben bei jeder Gelegenheit kompromißlos gegen die Politik der Nichteinmischung argumentiert. Über all das gibt es gedruckte, datierte und unwiderrufliche Zeugnisse. Was man uns nicht verzeiht, was man mir persönlich nicht nachsieht, ist, daß ich im Verlauf der Ereignisse erkannt und öffentlich bekundet habe, daß die UdSSR eines der hauptsächlichen Hindernisse für den Sieg des spanischen Proletariats darstellt, daß ich beispielsweise 1937 gesagt habe: »Die Moskauer Prozesse sind die unmittelbare Folge des Kampfes, der in Spanien begonnen hat: Für Stalin geht es darum, um jeden Preis zu verhindern, daß eine neue revolutionäre Welle über die Welt hinweggeht. Es geht darum, die Spanische Revolution abzuwürgen, so wie man die Deutsche und die Chinesische Revolution abgewürgt hat. Man entgegnet uns, daß die UdSSR Waffen und Flugzeuge liefert. In der Tat. Aber warum? Erstens weil es unerläßlich ist, das Gesicht zu wahren, zweitens weil diese zweischneidigen Waffen dazu bestimmt sind, alles zu zerstören, was sich in Spanien regt. [...] Kurz, weil sie dazu bestimmt sind, die proletarische Revolution zu stoppen.« Man kann mir nicht durchgehen lassen, daß ich gesagt habe: »Wir lassen uns nicht täuschen, die Kugeln auf der Treppe in Moskau im Januar 1937 zielten auf unsere Genossen vom P.O.U.M. Nach ihnen werden unsere an-

---

* FAI, Federación Anarquista Ibérica, spanischer Anarchistenbund, dem u.a. Durruti angehörte; CNT, Confederación Nacional del Trabajo, spanische anarcho-syndikalistische Gewerkschaft; POUM, Partido Obrero de Unificación Marxista, linkssozialistische, oft fälschlich als trotzkistisch bezeichnete Arbeiterpartei; PSUC, Parti Socialista Unificat de Catalunya, Vereinigte Sozialistische Partei Kataloniens. *(A.d.Ü.)*

archistischen Genossen an die Reihe kommen. Man will offenbar Schluß machen mit allem Lebendigen, mit allem, was im spanischen antifaschistischen Kampf das Versprechen des *Werdens* enthält.« Verlieren wir nicht die Zuversicht, Genossen, im November 1938 ist der Prozeß gegen den P.O.U.M. von Stalin verloren worden: Angesichts der von der Verteidigung vorgelegten Dokumente hat er darauf verzichten müssen, unsere Genossen der Spionage zu beschuldigen, und er hat in seiner Anmaßung, die spanischen Revolutionäre zu entehren, zurückstecken müssen, da er sich der Behauptungen und beschworenen Falschaussagen des zwielichtigen Jesuiten Bergamin bedient hatte. Das Spanien der Arbeiter, das revolutionäre Spanien, dessen Entfaltung wir nicht gegen den Kompromiß des republikanischen Spanien einzutauschen gedenken, ist nach wie vor ungebeugt. Ihm, ihm allein gilt unsere leidenschaftliche Brüderlichkeit: Trotz aller Einmischungsversuche ist Stalin noch ebensowenig sein Herr wie Franco. Und das Urteil vom Oktober 1938 lehrt uns, daß es sein letztes Wort noch nicht gesprochen hat.
So als könnte der diskriminierende Brief, den ich vorgelesen habe, mich in Mexiko vielleicht doch nicht hinreichend in Mißkredit bringen, hat man zusätzlich eine gebieterische Botschaft, die ebenfalls nicht geheim geblieben ist, an den Generalsekretär der L.E.A.R.* von Mexiko-City, die dem ehemaligen A.E.A.R. entspricht, gerichtet. Unverhohlen verlangte sie, »dafür zu sorgen, daß jede Arbeit«, die ich in Mexiko unternehmen wollte, »systematisch zu sabotieren« sei. Der Unterzeichner war niemand anderes als Aragon.

Ihr könnt euch vorstellen, mit welchen Empfindungen ich zu dem »blauen Haus« fuhr, von dem man so viel gesprochen hat und das die Wohnung des Genossen Trotzkij in Coyoacan ist. Sosehr ich mich zur Vorbereitung auf diesen Besuch auch bemüht hatte,

---

* Liga de Escritores y Artistas Revolucionarios, linker Schriftsteller- und Künstlerverband in Mexiko; AEAR, Association des Ecrivains et des Artistes Révolutionnaires, linker Schriftsteller- und Künstlerverband in Frankreich, der die Zeitschrift *Commune* herausgab. *(A. d. Ü.)*

möglichst viel über seine moralische Verfassung, seinen Tageslauf, seine Beweggründe, die Stille, die er um sich gelegt hat, in Erfahrung zu bringen, zwischen ihm und mir blieb eine Trennwand. Auf dieser Wand freilich bildete sich mir ein deutlich bewegteres und bewegenderes und ungleich dramatischeres Leben ab, als es mir vertrautere Menschenleben jemals sein könnten. Ich stellte mir diesen Mann vor, der der Kopf der Revolution von 1905 und einer der beiden Köpfe der Revolution von 1917 war, nicht lediglich den Mann, der sein Genie und seine ganze Kraft an das größte mir bekannte Projekt wendete, sondern auch den einzigartigen Augenzeugen, den scharfsinnigen Historiker, dessen Werke mehr leisten als zu belehren – sie machen den Menschen Lust, sich zu erheben. Ich stellte ihn mir an der Seite Lenins vor und später allein, wie er seine Auffassung, seine Theorie der Revolution auf manipulierten Kongressen verfocht. Ich sah ihn allein, aufrecht zwischen seinen erschossenen Genossen, allein, der Erinnerung an seine vier ermordeten Kinder preisgegeben, des schwersten Verbrechens beschuldigt, dessen man einen Revolutionär bezichtigen kann, stündlich bedroht und nun dem Haß derjenigen ausgeliefert, mit denen er gedacht und gehandelt und für die er sich aufgeopfert hat. Dennoch läßt sich die Öffentlichkeit hinters Licht führen!
Mit klopfendem Herzen beobachtete ich, wie sich die Tür des »blauen Hauses« öffnete. Man hat mich durch den Garten geführt, kaum habe ich im Vorübergehen Zeit gefunden, die Bougainvillen wahrzunehmen, deren rosa und violette Blüten den Erdboden bedeckten, die Kakteen und die steinernen Götzen, die Diego Rivera – der Trotzkij dieses Haus zur Verfügung gestellt hat – am Rand der Pfade versammelt hat. Ich betrat einen hellen Raum voller Bücher. In dem Augenblick, in dem Trotzkij aus dem Hintergrund des Zimmers hervortrat und das Bild ablöste, das ich mir von ihm gemacht hatte, habe ich den Impuls nicht unterdrücken können, ihm zu sagen, wie überraschend jung ich ihn fand. Selbstbeherrschung, die Gewißheit, sein Leben gegenüber jedermann in Übereinstimmung mit seinen Einsichten verbracht zu haben, und der außerordentliche, von vielen Bewährungsproben inspirierte Mut haben seine Züge beschützt, sie vor

dem Verfall bewahrt. Die blauen Augen, die exzellente Stirn, das dichte, silbrig gewordene Haar und die bis in die Poren lebendig gebliebene Haut lassen erahnen, welche innere Sicherheit in diesem Mann versammelt ist, eine Sicherheit, welche die grausamsten Varianten von Unglück überwunden hat und immer wieder überwinden wird. Doch dies ist nur der erste, statische Eindruck. Denn sobald sich das Gesicht belebt und die Hände diesen oder jenen Satz mit konzentrierten Gesten unterstreichen, geht von der Person etwas Elektrisierendes aus. Genossen, daß die kapitalistischen Staaten sich bei der Ächtung Trotzkijs so entschieden und einmütig gezeigt haben, und daß Stalin unaufhörlich Druck auf sie ausgeübt hat, um diese Ächtung zu erwirken, war sozusagen ganz natürlich. Wäre Trotzkij frei, könnte Trotzkij heute in Paris auf einer Versammlung das Wort ergreifen, so ließe sich der Trompetenstoß der Revolution wieder vernehmen, ginge das Licht des Petersburger Sowjets und des Kongresses von Smolny noch einmal an. Von den Ausbeutern der Arbeiterklasse kann man nicht erwarten, daß sie dies zulassen. Zu erwarten ist es von der Arbeiterklasse, jener Arbeiterklasse, die im richtigen Augenblick das Joch abschütteln wird, das sie niederdrückt, die das thermidorische Talmi entzaubern und die die ihren erkennen wird.

Es ergab sich, daß ich häufig Gespräche mit Trotzkij führte. Sie haben für mich das ein wenig legendäre Leben, das ich ihm zuschrieb, durch den Einblick in seine verwundbare Existenz ersetzt. Kaum einer der mexikanischen Orte, die ich kennengelernt habe, ist in meiner Erinnerung nicht mit ihm verknüpft. Ich sehe ihn vor mir, wie er mit zusammengezogenen Augenbrauen im Schatten eines vor Hitze brennenden, von Kolibrigeschwirr erfüllten Gartens in Cuernavaca die Pariser Zeitungen auseinanderfaltet, während die ebenso reizvolle wie verständnisvolle und sanfte Nathalie Trotzkij mir die Namen der wunderbaren Blumen erläutert; ich sehe ihn vor mir, wie er gemeinsam mit mir die Pyramide von Xochicalco besteigt; wie wir mit großem Appetit am Ufer eines erstarrten Sees mitten im Krater des Popocatepetl unseren Proviant verzehren; wie wir einen ganzen Vormittag lang über eine Insel im See von Patzcuaro wandern – der Lehrer, der Trotzkij und Rivera erkannt hat, läßt die Schulkinder in der alten Sprache Tarasco singen –, oder wie wir in einem flinken Waldbach Axolotl fangen. Ich kenne niemanden, der ähnlich genau wie Trotzkij das Neue, Ungewohnte beachtete, niemanden, der unterwegs so unternehmungslustig und einfallsreich ist wie er. Es ist offensichtlich, daß in ihm eine unzerstörbare kindliche Aufmerksamkeit lebendig geblieben ist. Gleichzeitig ist seine geistige Spannkraft unvergleichlich. Keiner meiner Bekannten wäre imstande, eine intensive und dauerhafte Anstrengung so konsequent auf sich zu nehmen wie er. Dafür liegen zahlreiche Belege vor. Ich will mich deshalb lieber ein wenig daran versuchen, das Geheimnis seiner persönlichen Anziehung zu ergründen. Es ist eine außergewöhnliche Anziehung. Eines Abends, als er eingewilligt hatte, zu Hause eine etwa zwanzig Leute zählende Gruppe von Intellektuellen aus New York zu empfangen, ihnen kurz seine Position darzulegen und dann auf ihre Fragen zu antworten, an diesem Abend machte ich die Beobachtung, wie die Stimmung im Zimmer, je länger er sprach, sich zu seinen Gunsten veränderte, wie die Zuhörer die Lebhaftigkeit und Festigkeit seiner Erwiderungen anerkannten, sich auf seine Heiterkeit einließen und sich über seine Einfälle freuten. Mit großem Vergnügen verfolgte ich, wie sich diese Leute einzeln bei ihm bedankten und ihm die Hand drückten. Unter ihnen befanden sich der Gouverneur eines nordamerikanischen Bundesstaates sowie eine eulenhafte Frau, die Arbeitsministerin im Kabinett Macdonald gewesen war ... Die Anziehung, die von Trotzkij ausgeht, scheint mir nicht lediglich in dem Genuß zu gründen, den es bereitet, eine überlegene Intelligenz aus der Nähe agieren zu sehen, sondern auch in der überraschenden Erfahrung, daß und wie es dieser Intelligenz gleichsam spielerisch gelingt, die anderen an der Erkundung und der Beweisführung mitwirken zu lassen. Es ist vorgekommen, daß ich mit dem Genossen Trotzkij spazierenging oder mit ihm auf einer Bank saß, mitten auf einem der indianischen Märkte, die einer der aufregendsten Anblicke sind, die Mexiko zu bieten hat. Ob wir nun über die Architektur der Häuser am Platz spekulierten oder die bunten Gemüsekörbe oder die

Karawanen der Bauern in ihren *Sarapen*, auf denen sich die Sonne mit der Nacht paart, oder die eingefleischte Würde der Gestik und Haltung der Dorfbewohner beobachteten, stets las Trotzkij in diesen unscheinbaren Szenen einen allgemeinen Sinn, eine Hoffnung auf die schließliche Aussöhnung der Werte dieser Welt und eine Inspiration zugunsten der gesellschaftlichen Kampfes.

Es gibt eine Frage, die für Trotzkij Vorrang vor allen anderen hat, eine Frage, bei deren Erörterung er keinerlei Abschweifung zuläßt und zu der er einen immer wieder hinführt. Diese Frage lautet: »Welche Perspektiven?« Keiner übertrifft ihn beim Belauern der Zukunft, so wie keiner weniger er selbst ist als Trotzkij, wenn er die Wolfsjagden beschreibt, an denen er im Kaukasus teilgenommen hat. Die Vergangenheit scheint ihn eher zu ermüden. Er sprüht vor Sarkasmus gegen jene, die sich auf altem, wenn auch ehrenvollem Ruhm ausruhen. Man muß es gehört haben, wie er von den »kleinen Rentnern der Revolution« spricht!

Da und dort hat man versucht, Trotzkij »zu erledigen«, ihn »loszuwerden«. Da es nicht ausgereicht hat, ihn in Moskau zum Tode zu verurteilen, ja, ihm in denjenigen, die ihm besonders teuer waren, nach und nach seine inneren Wurzeln zu zerstören sowie eine ebenso obskure wie armselige Kampagne gegen ihn zu entfesseln, hat die GPU, die letztes Jahr vergeblich versucht hat, ihm ein angeblich von einem Freund stammendes Paket mit einer Bombe zuzustellen, sich, jedenfalls vorläufig, darauf beschränkt, das Geschäft der ungeheuerlichen Verleumdungen wiederaufzunehmen, Verleumdungen, die gelegentlich um so wirkungsvoller sind, als diejenigen, die überredet und beeinflußt werden sollen, wenig über die politische Situation in Mexiko wissen. Man hat behauptet, Genossen, und die Wochenzeitung *Marianne* hat es wiederholt, Trotzkij habe den Präsidenten Cardenas Anfang des Jahres zu der Enteignung der ausländischen (englischen und amerikanischen) Ölgesellschaften angestiftet, damit das mexikanische Öl Hitler, Mussolini und Franco zugute käme. Man hat behauptet – was in ausdrücklichem Widerspruch zu der ersten Verdächtigung steht, aber was tut's –, es sei Trotzkij gewesen, der die Rebellion des Generals Cedillo gegen Cardenas geschürt habe. Die Zeitungen im Solde der GPU sind sogar so weit gegangen, zu versichern, Trotzkij und Rivera hätten auf ihrer Reise von Mexiko-City nach Guadalajara, einer Reise über achthundert Kilometer, auf der ich ihnen nicht von der Seite gewichen bin, lange Besprechungen mit einem Doktor Atl geführt, der dort als Agent der deutschen Botschaft gilt. *Ich* war es, den man für diesen Faschisten ausgegeben hat! Doch ihr müßt beachten, Genossen, daß die Verleumdung, je nach Bedarf, auch weniger plump operieren, daß sie mitunter überaus geschickt vorgehen kann. So läßt man beispielsweise verlauten, der Genosse Trotzkij unterhalte enge Beziehungen zur mexikanischen Regierung, ja, er sorge sich weit weniger darum, die Interessen der mexikanischen Arbeiterklasse zu unterstützen, als General Cardenas zu schonen, der Gastfreundschaft halber, die dieser ihm gewährt. Auf diese Insinuation hat Trotzkij ein für allemal mit der folgenden Stellungnahme reagiert: »Überlassen wir die Taschenspieler und Intriganten ihrem Schicksal. Nicht mit ihnen befassen wir uns, sondern mit den Arbeitern in der ganzen Welt. Ohne sich Illusionen zu machen und ohne Verleumdungen auf den Leim zu gehen, werden die fortschrittlichen Arbeiter dem mexikanischen Volk ihre volle Unterstützung im Kampf gegen den Imperialismus gewähren. Enteignung des Öls bedeutet weder Sozialismus noch Kommunismus; aber sie ist eine höchst begrüßenswerte Maßnahme der nationalen Selbstverteidigung. Marx hielt Abraham Lincoln nicht für einen Kommunisten. Das hat Marx jedoch nicht daran gehindert, tiefe Sympathie für den Kampf zu empfinden, den Lincoln führte. Die Erste Internationale schickte an den Präsidenten während des Bürgerkrieges eine Grußadresse, und Lincoln wußte in seiner Antwort diese moralische Unterstützung hoch zu schätzen. Das internationale Proletariat hat keinen Anlaß, sein Programm mit dem Programm der mexikanischen Regierung zu verwechseln. Es nützt den Revolutionären überhaupt nichts, zu tarnen, zu fälschen oder zu lügen, wie es die Höflinge aus der Schule der GPU tun, die im Augenblick der Gefahr die schwächere Seite verraten und verkaufen. Will sie ihr Gesicht nicht verlieren, so ist jede Arbeiterorganisation in der Welt, vor allem diejenige Großbritanniens, gehalten, die imperialistischen Räuber schonungslos anzugreifen, ihre Diplomatie, ihre Presse und ihre faschistischen Lakaien. Die Sache Mexikos wie die Sache Spaniens wie die Sache Chinas sind die Sache der gesamten Arbeiterklasse.«

Man muß der Regierung Cardenas Gerechtigkeit widerfahren lassen und anerkennen, daß sie nichts unversucht läßt, um die Sicherheit Trotzkijs zu gewährleisten. Die Mitglieder dieser Regierung, von denen einige die großen Rollen bei der Revolution von 1910 gespielt und unter Zapata gekämpft haben oder in seiner Schule ausgebildet worden waren, bewundern Trotzkij. An ihnen liegt es keineswegs, es ist vielmehr eine Folge der Sicherheitsmaßnahmen, die sie für ihn ergreifen müssen, wenn Trotzkij darunter leidet, daß er sich nicht bewegen kann, wie er mag, wenn er sich manchmal darüber beklagt, wie ein *Ding* behandelt zu werden.

Auch wenn es euch, Genossen, nicht alle in gleicher Weise interessiert, liegt mir daran, mit ein paar Worten auf eine Frage einzugehen, die mir besonders am Herzen lag und die ich Trotzkij unbedingt vorlegen wollte. Ich habe all die Jahre hindurch das Recht des Schriftstellers und des Künstlers verteidigt, über sich selbst zu verfügen, nicht im Schatten politischer Parolen, sondern aus seinen sehr besonderen geschichtlichen Bedingungen heraus zu handeln. Und über diese Bedingungen bestimmt allein der Künstler selbst. In diesem Punkt bin ich stets unnachgiebig gewesen. Als ich im Jahr 1926 der Kommunistischen Partei beitreten wollte, bin ich dieser Auffassung wegen vor mehrere Kontrollkommissionen zitiert worden, wo man in beleidigendem Ton von mir verlangt hat, Rechenschaft abzulegen über Reproduktionen von Picasso und André Masson, die in der von mir geleiteten Zeitschrift erschienen waren. Innerhalb der A.E.A.R. habe ich ohne Unterlaß die widersinnige Parole vom »sozialistischen Realismus« bekämpft. Wenn ich mich einer Aufgabe ohne Unterbrechung unterzogen habe, dann der, ungeachtet aller anderen Ereignisse, die Integrität der künstlerischen Tätigkeit zu schützen und dafür zu sorgen, daß die Kunst weiterhin ein *Zweck* bleibt und unter keinerlei Vorwand zu einem *Mittel* entstellt wird. Dies bedeutet nicht, daß es nicht Anlässe gegeben hätte, manchmal am Ausgang des Streits zu zweifeln und zu glauben, daß Unverständnis und böser Wille stärker seien. Hat man nicht meinen Freunden und mir immer wieder vorgeworfen, diese Auffassung, an der wir hartnäckig festhielten, sei unvereinbar mit dem Marxismus? Wie sehr ich auch vom Gegenteil überzeugt war, so konnte ich doch vor mir selbst nicht verhehlen, daß es in dieser Sache einen neuralgischen Punkt und etwas Ungeklärtes gab, das zu viele Leute beschäftigte, um nicht die Meinung Trotzkijs dazu erfahren zu wollen. Ich kann sagen, Genossen, er zeigte sich überaus aufgeschlossen. Doch glaubt bloß nicht, daß wir uns sogleich verstanden hätten. Er ist nicht der Mann, der sich überreden läßt. Da er meine Bücher ganz gut kannte, hat er darauf bestanden, meine Vorträge kennenzulernen, und vorgeschlagen, sie mit mir zu diskutieren. Bei diesem oder jenem Punkt kam es durchaus zu Reibereien zwischen uns. Auf Namen wie de Sade oder Lautréamont reagierte er zunächst unwirsch. Da er wenig über ihre Werke wußte, bat er mich, die Rolle erläutern, die sie für mich gespielt hatten. Er hörte aufmerksam zu und argumentierte dann unter einem Aspekt, den der Revolutionär und der Künstler miteinander teilen: dem der *Befreiung der Menschen.* Bei anderer Gelegenheit griff er diesen oder jenen Terminus auf, den ich hervorgehoben hatte, und unterzog ihn einer bündigen Kritik. So sagte er mir eines Tages: »Genosse Breton, das Interesse, das Sie den Erscheinungen des ›objektiven Zufalls‹ entgegenbringen, ist für mich nicht einsichtig. Ja, ich weiß wohl, daß Engels diesen Ausdruck gebraucht hat. Aber ich frage mich, ob es bei Ihnen nicht um etwas anderes geht. Ich bin mir nicht sicher, ob Sie nicht daran denken, ein« – seine Hände wiesen in den Raum – »Hintertürchen zum Jenseits offenzuhalten.« Ich hatte meine Erwiderung noch nicht beendet, da rügte er schon wieder: »Ich bin nicht überzeugt. Und im übrigen haben Sie irgendwo geschrieben, ach ja, daß diese Erscheinungen für Sie etwas Beunruhigendes darstellten.« – »Verzeihen Sie«, sagte ich zu ihm, »ich habe geschrieben: beunruhigend beim gegenwärtigen Stand der Erkenntnis, sollen wir nachsehen?« Er stand auf, ging ein paar Schritte und kam dann wieder auf mich zu: »Wenn Sie gesagt haben ›beim gegenwärtigen Stand der Erkenntnis‹, dann gibt es nichts mehr auszusetzen. Ich ziehe meinen Einwand zurück.«

Sein eminenter, wenngleich ein wenig zum Argwohn neigender Scharfsinn, und die Aufrichtigkeit, von der ich ihn unter allen möglichen Umständen Zeugnis ablegen sah, haben dazu beigetragen, daß wir übereingekommen sind, gemeinsam ein Manifest zu verfassen, das die erwähnte Streitfrage beantwortet. Dieses Manifest ist von Diego de Rivera und mir unterzeichnet worden und trägt den Titel *Für eine unabhängige revolutionäre Kunst.** Es ruft zur Gründung der Fédération Internationale de l'Art Révolutionnaire Indépendant (F.I.A.R.I.) auf, deren monatliches Bulletin erstmals Ende Dezember erscheinen wird. Ich füge hinzu, daß die Betonung der künstlerischen Unabhängigkeit, die dort gefordert wird, mehr Trotzkij zu verdanken ist als Rivera und mir. Trotzkij war es, der bei der Lektüre des Entwurfs, in dem ich geschrieben hatte: »Alle Freiheit in der Kunst, außer gegen die proletarische Revolution«, uns vor dem Mißbrauch gewarnt hat, der mit dem letzten Teil des Satzes getrieben werden könnte, und ihn ohne zu zögern gestrichen hat.

Trotzkij hat mir wiederholt gesagt, daß er sich in der gegenwärtigen Periode viel von der Aktivität einer Organisation wie der F.I.A.R.I. verspreche, um einem revolutionären Bündnis den Weg zu ebnen. Zweimal im Lauf der letzten Monate hat er es im übrigen für notwendig gehalten, seine Einstellung zu Problemen der künstlerischen Kreativität dazulegen – einmal in einem in *Quatrième Internationale* abgedruckten Brief an amerikanische Genossen, ein andermal in einem französisch noch unveröffentlichten Interview, aus dem ich hier nur die folgende Stelle zitieren will: »Die Kunst der stalinistischen Periode wird als Ausdruck des inneren Verfalls der proletarischen Bewegung in die

---

* Siehe Seite 28 ff. dieses Buches. *(A. d. Ü.)*

Geschichte eingehen. Doch die babylonische Gefangenschaft der revolutionären Kunst kann und wird nicht ewig dauern. Die revolutionäre Partei hat nicht die Aufgabe, die Kunst zu lenken. Ein solcher Anspruch kann nur Leuten in den Sinn kommen, die von Omnipotenzgefühlen berauscht sind, wie die Moskauer Bürokratie. Kunst und Wissenschaft verlangen nicht nur nicht nach Befehlen, sie dulden sie, ihrem Wesen nach, nicht.«

Genossen, mir ist bewußt, daß ich mich dem Vorhaben, auf das ich mich eingelassen habe, nicht gewachsen zeige: den Genossen Trotzkij für uns ein wenig gegenwärtig zu machen. Zu meinem Trost erinnere ich mich an eine Unterhaltung, die ich vor einigen Jahren mit André Malraux führte, der damals gerade von einer Reise in die UdSSR zurückgekehrt war. Er berichtete mir, daß er bei einem Begrüßungsbankett während der Tischrede, die er halten mußte, Leo Trotzkij zitiert und plötzlich gespürt habe, wie sich die Atmosphäre verdüsterte – ein paar Gläser seien zu Boden gefallen und einige seiner Tischnachbarn seien aufgestanden, offenbar in der Absicht, ihn einzukreisen: *einen Augenblick lang habe er um sein Leben gebangt.* Er vertraute mir sogar an, er glaube, sein Heil nur einem plötzlichen Einfall verdankt zu haben, wie er einem manchmal in Augenblicken der Gefahr kommt, einem Einfall, der ihn etwas sagen ließ, was die zum Angriff entschlossenen Leute aus der Fassung brachte. Was mich bestürzte und immer noch bestürzt, ist freilich nicht vor allem dieser Vorfall, dessen Schatten seitdem von manchem tragischen Ereignis verstärkt worden ist, sondern die Schlußfolgerung, die Malraux daraus gezogen hat: unter keinem Vorwand und unter keinen Umständen mehr dort den Namen Leo Trotzkij auszusprechen. Genossen, hat man so etwas jemals erlebt, ist es in der Tat möglich, daß der Selbsterhaltungstrieb den Intellektuellen zum Verzicht aufs Denken zwingt? Dabei weiß ich, oder glaube ich zu wissen, daß es André Malraux nicht an Mut fehlt. Der Name Trotzkij ist viel zu repräsentativ und zu markant, als daß man ihn verschweigen oder sich damit begnügen dürfte, ihn zu flüstern. Man wird uns nicht hindern können, ihn hochzuhalten und dafür Sorge zu tragen, daß er den Bütteln in aller Welt in den

Ohren klingt. Über den zerstückelten Leichen der spanischen Kinder und der Menschen, die Tag für Tag fallen, damit das Spanien der Arbeiter triumphiere, über den Leichen der Revolutionäre des Oktober, der Leiche unseres Genossen Sedow und der Leiche unseres Genossen Klement, die, weil zerstückelt, die französische Polizei nicht erkannt haben will, über all diesen Toten und ihretwegen müssen wir an dem Gedanken, an dem Vorsatz festhalten: Sie werden nicht durchkommen!
Ich grüße den überaus lebendigen Genossen Trotzkij, dessen Stunde wiederkommen wird, ich grüße den Sieger und Zeugen des Oktober, den unsterblichen Theoretiker der Permanenten Revolution.

Die Situation des Surrealismus zwischen den beiden Kriegen[1]

Ich weiß, daß viele von Ihnen an der Gabelung Ihres Lebenswegs stehen, daß Sie rasch den Tag näherrücken sehen, an dem die Gesellschaft von Ihnen eine Anstrengung verlangen wird, die sich fundamental von den Aufgaben unterscheidet, für die Sie ausgebildet wurden. Die weiten Perspektiven des Studiums werden in sich zusammensinken, die Triumphe des Bewußtseins, die der Akt des Lernens ahnen läßt, werden plötzlich entschwinden, und die Genüsse, die die Zivilisation vorspiegelt, werden ohne Übergang ihre fatalen Kehrseiten offenbaren. Nicht mehr das Leben, wie man es am Ende der Schulzeit erwartet, das leuchtende, vor Chancen explodierende Leben, sondern das Leben, das, ungeachtet dessen, was es individuell kostbar macht, sich von einem Tag zum anderen aufs Spiel setzen und sich Schritt für Schritt zur Wehr setzen muß, das nicht bloß bedrohte, sondern von vornherein in die Anonymität eingeschmolzene Leben, das von dem abstrahiert, was es an Einzigartigkeit besitzt, um zum Element eines Ganzen zu werden, das aus ideologischen – oder für ideologisch ausgegebenen – Gründen über ein anderes Ganzes den Sieg davontragen soll: Dies erwartet Sie. Wir wissen, daß die Größe im Preis eines solchen Verzichts begründet liegt, und es ist durchaus erwiesen, daß das menschliche Unglück dem nämlichen Maß unterliegt wie diese Größe. Es ist ebenso wahr, daß ich mit einem Gefühl der Beklemmung vor Ihnen stehe: Ich fühle mich arm, weil das, was die Welt von Ihnen verlangt, in keinem Verhältnis zu dem zu stehen scheint, was ich Ihnen mitzuteilen imstande bin. Aus dem gänzlich strukturalen Blickwinkel, den ich an dieser Stelle hier habe und der vereitelt, Sie in Personen zu differenzieren, beziehe ich die Kühnheit, das Agglo-

[1] Rede vor französischen Studenten der Universität Yale am 10. Dezember 1942.

merat von Zweifeln und Gedanken anzunehmen, als das Sie sich mir darstellen, während Sie bereits im Begriff sind, sich voneinander zu trennen, um Ihrem Schicksal entgegenzugehen. Unter diesen Umständen gilt es, nicht zu vergessen, daß sich in Ihren Augen, aus denen ich einen einzigen Glanz herauslese, Akte der Selbstverleugnung, ja des Heroismus abzeichnen, denen die Welt eines Tages verdanken wird, daß sie ist, was sie sein wird.

Warum ich mich arm fühle? Weil das Vierteljahrhundert, das mich von Ihnen scheidet, mit dem ausgefüllt, was nun einmal war, meiner Generation nicht die geringste Autorität über die Ihre verleiht. Das Vermächtnis derjenigen, die Ihre Väter sein könnten: die stets knapp sitzende Uniform und die entsetzlich beschwerlichen Pflichten, ein immer weiter zurückweichender Horizont, all das könnte gute Argumente zur Bestätigung des Ödipuskomplexes liefern. Das kleine Quantum Weisheit, das man gern dem Alter zuschreibt, hat diese Generation nicht erworben – sie hat Ihnen nichts Besseres als den Tornister zu übergeben. Ihr Ratschlag kann nur dürftig und kraftlos sein. Die Geistesverfassung der jungen Soldaten aus dem anderen Krieg habe ich nicht vergessen. Haben sie genug auf die Alten geflucht? Wohl nicht genug, nein, fraglos viel zuwenig, da sie hingenommen haben, daß die Alten auf ihren Posten blieben, bis sie sich schließlich in dem Pétain von Rethondes und anderswo Erleichterung verschafften, jenem Pétain, von dem ein großer Schriftsteller gesagt hat, daß er der »Auswurf der Toten von Verdun« sei. Nein, weder die Alten noch die orakelnden Vierzig- und Fünfzigjährigen können irgendwelche Rechte über Sie, die Jungen, geltend machen. Ich gehe sogar so weit zu behaupten, daß es Ihre Aufgabe ist, sie in Schach zu halten und sie zur Ordnung zu rufen, wenn sie sich anheischig machen sollten, Sie zu erleuchten. Wie auch sollten Sie ihnen gegenüber nicht das heftigste Mißtrauen hegen?

Keinen Augenblick lang, glauben Sie es mir, verliere ich aus dem Bewußtsein, daß es Hitler gibt und durch ihn, als Vorwand für die unsühnbarsten Rassenverfolgungen, die Renaissance gewisser Mythen, germanischen Ursprungs, wie es scheint, die unvereinbar sind mit einer vernünftigen Entwicklung der Menschheit;

daß es Mussolini gibt und, mit dem italienischen Faschismus, eine entsetzlich juckende Krankheit, der man nur mit einer Radikalkur beikommen kann; daß es den Mikado gibt, der, von einer ziemlich verkommenen Clique gestützt, den Krieg für eine religiöse Pflicht und ein religiöses Unternehmen hält. Ihr Wille zur Weltherrschaft und die Unterjochung, die aus ihrem militärischen Sieg für uns folgen würde, müssen uns ohne jede Diskussion gegen sie aufstehen und das Gesetz des Dschungels in seiner ganzen Härte akzeptieren lassen. Doch wie gut auch immer diese drei Köpfe der Hydra in die naive Bilderwelt passen, die die Propaganda entwirft, wir dürfen uns nicht in ihren Bann ziehen lassen, so daß wir am Ende glauben, wenn wir sie nur abschlügen, hätten wir das Übel selbst und wirklich beendigt. Denn obschon diese Männer das Übel hervorbringen, so ist doch nicht weniger wahr, daß sie selbst von diesem Übel hervorgebracht sind, und daß wir uns den dramatischsten Täuschungen ausliefern, wenn wir sie lediglich für die Ursache des Wahns halten und nicht gleichzeitig auch für dessen Produkt. Obwohl es heute vordringlich ist, den ungeheuerlichen Brand zu löschen, den diese drei Männer gelegt haben, wird man sein Wiederaufflammen nur dann unterbinden können, wenn man ihn als ein Epiphänomen erkennt, also das bekämpft, was ihn möglich gemacht hat (die Pathologie lehrt, daß eine Krankheit zu überwinden mehr verlangt, als ein Symptom zu kurieren). Die Hoffnung ist vergeblich, Wahn und Irrtum durch Granaten und Brandbomben korrigieren zu können. Kurz, es steht keine wirkliche Heilung zu erwarten, wenn nicht endlich das Virus bestimmt wird und weltweit Vorbeugungsmaßnahmen getroffen werden. Die Zurückhaltung, die mir meine Lage als Flüchtling in den Vereinigten Staaten auferlegt, erlaubt es mir nicht, mich eindeutiger dazu zu äußern.

Meine Herren, diese Abschweifung war von der Absicht diktiert, Ihnen zu zeigen, wie ich den gegenwärtigen Krieg empfinde und wie er, allgemeiner, von den Surrealisten empfunden wird. Gerade weil der Krieg binnen kurzem Ihre Teilnahme verlangt, müssen sich, denke ich, Ihre Fragen ohne Umschweife auf dieses Thema richten. Die Erfahrungen, die ich nicht nur in diesem Krieg, sondern auch im vorangegangenen gesammelt habe, haben mich gelehrt, daß diese Art Abenteuer ihres sowohl lähmenden als auch aufstachelnden Charakters wegen durch das Denken nicht zu bezwingen sind, ja, daß sie dem Denken kaum Raum lassen, um wieder zu Kräften zu kommen. Entweder drükken sie das Denken in den Hintergrund oder aber, und das ist noch schlimmer, es geht in jenem kurzlebigen Konformismus unter, den die Feuilletons zu verbreiten suchen. Wenn man sich heute darüber Rechenschaft ablegt, dann gebietet die Redlichkeit, von Beginn an die neuralgischen Punkte zu benennen, um nicht Opfer der Ansteckung zu werden. Ich wollte heute nachmittag über die Situation des Surrealismus zwischen den beiden Kriegen sprechen, das heißt, zwangsläufig, im Zusammenhang mit ihnen. Der Surrealismus ist in der Tat die einzige organisierte intellektuelle Bewegung, der es gelungen ist, die Zeit zwischen den Kriegen zu überbrücken. Seinen Anfang nimmt er 1919 mit der Publikation der ersten Kapitel der *Magnetischen Felder* in der Zeitschrift *Littérature*, mit einem Werk, das gemeinsam von Philippe Soupault und mir geschrieben wurde und in dem der »Automatismus« als offengelegte Methode sich zum ersten Mal freie Bahn schafft, eine Schreibweise, die dann zwanzig Jahre später in der Literatur zu *Au Château d'Argol* von Julien Gracq führt, worin der Surrealismus wieder zu sich selbst zurückkehrt, um sich an den großen Sinnesexperimenten der Vergangenheit zu messen und sowohl unter dem Gesichtspunkt der Emotion als auch dem des Intellekts die Eroberungen der Bewegung abzutasten. Diese Eroberungen haben weltweit den unbestreitbaren Triumph der Imagination und der Kreation über die Imitation eingeleitet, einen Triumph, den das beispiellose Ereignis der letzten internationalen Ausstellung des Surrealismus in Paris bestätigt hat. Ich weiß, in den letzten Monaten haben Sie sogar hier in Yale hören können, daß der Surrealismus tot sei. Als ich noch in Frankreich war, hatte ich mir vorgenommen, eines Tages öffentlich zu dokumentieren, was an Presseartikeln zu diesem Thema erschienen ist. Es wäre nicht ohne Pikanterie gewesen, vorzuführen, daß die Todesnachrichten seit seiner Gründung fast Monat für Monat aufeinander gefolgt sind. Die Kritik – in den Zeitschriften ebenso wie in den Büchern – hat den Surrealismus für ihre närrischen

Voraussagen im übrigen reichlich entschädigt. Ich erwähne das hier nur, um Sie vor der Auswirkung zu warnen, die eine Wiederholung dieser Praktiken unter dem Deckmantel eines Krieges haben könnte, der es bekanntlich besonders schwierig macht, anzugeben, wer lebt und wer tot ist. Einige ungeduldige Totengräber mögen mir im übrigen verzeihen – ich behaupte nämlich, schon länger als sie zu wissen, was die letzte Stunde des Surrealismus einläuten könnte: die Geburt einer noch radikaler auf Befreiung pochenden Bewegung. Man muß annehmen, daß es eine solche Bewegung noch nicht gibt. Der Surrealismus kann historisch ohne Einschränkung den Platz beanspruchen, den er zwischen den beiden Kriegen in der Avantgarde gehalten hat. Nichts kann vertuschen, daß er über der sichtbaren Strömung die Brücke zwischen dem stillen Fernerrücken des einen Krieges und dem blinden und beklemmenden Näherrücken des anderen bildet, nichts kann etwas daran ändern, daß er zumindest mit dem, was er in diesen zwanzig Jahren an kristallinen Entwürfen hervorgebracht hat, der *Waagebalken* ist.
Der Surrealismus, der im Augenblick noch zwischen diesen Grenzen eingeschlossen ist und das Niemandsland betritt, das sich zwischen diesen beiden Explosionen erstreckt, bezeichnet einen Weg, der von der Rückwirkung der ersten Katastrophe auf das psychologische und moralische Leben zum Verständnis der zweiten Katastrophe führt. In der Zwischenzeit hat das Leben sein Recht eingefordert, und diesem Widerspruch hat sich der Surrealismus stellen müssen. Er hat eine beschleunigte Neuordnung der Werte vorgeschlagen.
Heute, da der Sturm von neuem entfesselt ist, ist es leichter, die Notwendigkeit einer solchen Neuordnung einzusehen. Der positivistische Realismus, der in Perioden schlichter Ruhe gleichsam über den Wassern schwebt, sieht sich von Ohnmacht geschlagen und mit Spott überhäuft. Der angebliche »gesunde Menschenverstand«, der sich schmeicheln darf, niemals etwas verstanden zu haben, wird gebeten, Ende des Monats mit seiner Rechnung noch einmal vorbeizukommen ... Zwei aufeinander folgende Generationen verschwinden im Qualm und Lärm der Schlachtfelder, und da wagt man uns weiszumachen, daß diese Menschheit

sich zu verwalten fähig sei, daß es ein Sakrileg sei, die Prinzipien in Zweifel zu ziehen, auf die sie ihre Existenz gegründet hat? Was ist, frage ich, diese schmale »Vernunft«, die man uns lehrt, wenn sie von einer Generation zur anderen der Vernunftlosigkeit der Kriege weichen muß? Ist diese angebliche Vernunft nicht bloß ein Köder, ist es nicht so, daß sie die Rechte einer wirklichen, nicht verdunkelten und nicht verdunkelnden Vernunft usurpiert, die es an ihre Stelle zu setzen gilt und der wir nur dann zum Zuge verhelfen können, wenn wir mit den konventionellen Denkweisen gebrochen haben?

Wenn ich vorhin gesagt habe, daß ich mich vor Ihnen arm fühle, dann weniger in meinem eigenen Namen als im Namen der Männer meines Alters. Damals, als sich die surrealistische Haltung herauszubilden begann, ging es darum, die Jugend zu beschwören, sich nicht allzu schnell ihrer Schätze berauben zu lassen, und ihr einzuschärfen, auf sich selbst zu zählen. Die jungen Leute heute bewegen sich nicht im Schatten der Palmen von Guadalcanal, der Ruinen von Stalingrad oder auf dem Sand Libyens. Sie besitzen eine innere Kraft, die imstande ist, jene Bewußtseinszustände aufzusprengen, die noch einmal in das Delirium aus Eisen und Feuer geführt haben. Von jetzt an liegt die Zukunft in der Hand dieser Jugend und nur dieser Jugend. Der Surrealismus, ich wiederhole es, ist aus einem uneingeschränkten Bekenntnis zum *Genie* der Jugend hervorgegangen. In diesem Punkt hat er niemals etwas zurückgenommen, da er niemals aufgehört hat, der Botschaft eines mit vierundzwanzig Jahren gestorbenen Lautréamont, eines Rimbaud, der mit achtzehn Jahren sein Werk vollendet hatte, eines de Chirico, für den sich die Türen zur Welt mit dreiundzwanzig öffneten und mit achtundzwanzig wieder schlossen, eine unvergleichliche Ausstrahlung, einen, könnte man sagen, Offenbarungscharakter zuzuerkennen. Die Reihe könnte um Saint-Just erweitert werden, der mit siebenundzwanzig guillotiniert wurde, um Novalis, der mit dreißig starb, um Seurat, gestorben mit zweiunddreißig, um Jarry, der mit fünfzehn Jahren das große prophetische, mit der Gegenwart abrechnende Werk geschrieben hat: *Ubu roi.* Wird dies alles die Jugend schließlich nicht mit besseren Beglaubigungsschreiben ausstatten als der gewaltige Blutzoll, den die Welt aus Gewohnheit von ihr immer wieder verlangt? Wird dies nicht ihr selbst eine gewichtige Stimme verleihen? Wird sie zulassen, daß die kühnen Projekte, die sie sich zu eigen machte, um den redhibitorischen Fehlern der Organisation und des Denkens zuvorzukommen, als Kindereien und Abweichungen behandelt werden? Dies ist, in etwa, der Inhalt der surrealistischen Fragestellung und, so lokalisiert ist sie, der surrealistischen Abmahnung am Ausgang des Kriegs 1914-1918. Ich vermute, daß diese Fragestellung und diese Abmahnung am Ausgang *dieses* Krieges sich mit einem ganz neuen Gewicht wiederholen werden.

Bitte beachten Sie, daß damals die Betonung weit weniger als heute auf dem ideologischen Konflikt lag. Der Faschismus hatte sich noch nicht artikuliert, es standen sich ziemlich abgegriffene »Weltanschauungen« gegenüber, die einen zwischen den europäischen Nationen wachsenden Interessendissens nur schlecht verhüllten, der sich durch die ewigen Streitereien und Ärgernisse zwischen Nachbarn verschärfte. Doch ich glaube mich zu erinnern, daß die Verzweiflung sehr groß war – das »Glück der Waffen« war lange Zeit überaus ungewiß gewesen. Diejenigen, die ein wenig verstört zurückkamen und immerhin aufgebracht darüber, daß sie so wenige geworden waren, entschlossen sich nach einem argwöhnischen Rundblick, eine neue Seite aufzuschlagen. Dabei vertrauten sie sich demselben Buch an, das für sie oder ihre Söhne die nämlichen Schrecknisse noch einmal bereithielt. Ich scheue mich nicht zu behaupten, daß der Surrealismus den Sinn dieses Buches selbst attackiert hat, seine Prämissen zu widerlegen begonnen und sich daran gemacht hat, es neu zu schreiben.

Wie war zu diesem Zeitpunkt die intellektuelle Situation? Viele Köpfe hatten versagt, hatten sich von der lüsternen Kriegshysterie einfangen lassen, die betäubend klang und die ihnen die Kämpfenden nicht verziehen. In Frankreich war dies der Fall bei Bergson, Barrès und Claudel. Manche, wie Gide, hatten geschwiegen: Man war ihnen deswegen nicht allzu gram. Andere, wenige, hatten ihr Werk fortgesetzt, wobei sie es sorgfältig aus den Ereignissen heraushielten – vor allem Maler, so Matisse, so

Picasso –: Man sprach sie frei. Valéry hatte sich in poetischen Studien verschanzt, Proust sich dem Studium sozialer Milieus, die von den Ereignissen offenbar nicht berührt wurden, verschworen: Paradoxerweise wurden sie bald darauf mit den höchsten Ehren ausgezeichnet. Guillaume Apollinaire, der bedeutendste Dichter dieses Jahrhunderts, war am Tag des Waffenstillstands an den Folgen einer Verwundung gestorben. Es sollte sich erweisen, daß sein unerreichter Gebrauch der Kunstmittel in dem Maße, wie er sich anheischig machte, den »Krieg zu singen«, ihn verraten hatte. Ich sehe ihn vor mir, als ob es gestern gewesen wäre, diesen einzigartigen Mann, der für mich den Geist des intellektuellen Abenteuers verkörperte: riesengroß, in der blaßblauen Uniform eines Unterleutnants, ungern zu Fuß – die Taxis sind noch an der Front – betritt er, ein wenig aufgeplustert, von seinem Domizil im Café de Flore aus die Fahrbahn des Boulevard St. Germain. Sein Auge blickt schelmisch und gleichzeitig besorgt, darüber der Lederfleck, der die Narbe der Trepanation bedeckt, Fleck und Wunde, die Chirico 1915 deutlich in das Porträt von Apollinaire eingezeichnet hatte durch einen reinen Akt der Prognose, zwei Jahre vor der Verwundung. Wenn ich mich bei Apollinaire aufhalte, so deshalb, weil er mehr als jeder andere dem Gedanken nahegekommen war, daß es nicht genügt, die Welt verbessern, sie auf gerechteren Grundlagen neu errichten zu wollen, sondern daß man auch an den Kern der Wörter rühren muß. Das ist jedenfalls der manifeste Sinn seines großen Gedichts *La Victoire*, eines seiner letzten und eines der hermetischsten im Detail. Es kann als sein geistiges Testament gelten:

»O Münder, der Mensch sucht eine neue Sprache
zu der kein Grammatiker irgendeiner Sprache etwas zu sagen hat
(...)
Das Wort kommt plötzlich, und es ist ein Gott, der zittert.«

Aus der Distanz wird deutlich, daß die Schreibweise, die Formen automatischen Ausdrucks, die vom Surrealismus eingeführt wurden, eben diesem Wunsch Apollinaires entsprachen, da sie jedem Menschen die Mittel an die Hand geben, den Gott, von dem er spricht, je nach Belieben zu wecken. Valéry scheint in einer Novelle, *La Soirée avec Monsieur Teste*, geschrieben im Alter von fünfundzwanzig Jahren und den Rest seines Werkes überragend, etwas Ähnliches geahnt und benannt zu haben, wenn er mit großer Hochachtung von seiner Figur sagt: »Manchmal verloren die Worte ihren Sinn, um einzig und allein einen leeren Platz zu besetzen, dessen Bestimmung zweifelhaft oder von der Sprache nicht vorgesehen war. Ich habe ihn ein materielles Objekt bezeichnen sehen durch eine Gruppe von abstrakten Wörtern und Eigennamen.« Was von zwei so verschiedenen Dichtern erwartet und herbeigesehnt wurde, sollte uns wohl in einem Augenblick beschäftigen, in dem Denis de Rougemont vor dem Abgrund, den die Nachrichten des Tages vor uns aufbrechen lassen, in sachlicher Manier schreiben kann: »Soll man glauben, daß man einander aus einem Mißverständnis umbringt? Oder daß die Worte nichts mehr bedeuten?« Je mehr man spricht, desto weniger versteht man einander. Einzig der Tod läßt alle übereinstimmen. Das 20. Jahrhundert wird eines Tages als ein verbaler Alptraum erscheinen, als delirierende Kakophonie. Man sprach mehr, als man jemals zuvor gesprochen hatte – denken Sie an die Rundfunksender, die nicht mehr schweigen *können*, die das Wort nach Sekunden bemessen, gleichgültig, ob es Hörer gibt oder nicht, ob es etwas zu sagen gibt oder nicht; eine Zeit, in der sich die Wörter schneller als in jedem anderen Jahrhundert der Geschichte verbrauchen, eine Zeit der immensen Prostitution des Wortes. Was haben wir aus dem Wort gemacht! Welche Veränderungen auch immer nötig sind und kommen werden, man muß zu diesem Ursprung zurückkehren …

Um dieselbe Zeit, als ich wahrnahm, wie Apollinaire mit den Bestien des Orpheus im Schlepptau über den Boulevard Saint-Germain schlenderte, entdeckte ich, daß jemand ganz für sich allein die Nacht der Ideen, dort, wo sie am dichtesten ist, durchbrochen hatte: Sigmund Freud. Bei allen Vorbehalten im Detail, die im übrigen das geringste Lösegeld sind, das ein Mensch für die Fehlbarkeit zahlen könnte, läßt sich mehr an neuer, schreiender, substantieller Wahrheit innerhalb eines einzigen Denkentwurfs und Menschenlebens konzentriert finden als in Freuds? Und ist nicht der härteste Fels, der Fels der Vorurteile und Tabus und der aus unvordenklichen Zeiten stammenden Verstellungen, nicht geschmolzen, als jener Finger aus Licht ihn berührt hat? Ich frage Sie: Hat es in anderen Perioden der Geschichte jemals ähnlich viele bedeutsame und hartnäckig unbegriffene Verbindungen gegeben, so viele unersetzbare und durch Mißachtung gestrafte Existenzen, bevor sie in der Verfolgung ein Ende fanden, wie seit dem Anbruch dieses Jahrhunderts – *Die Traumdeutung* erschien 1900 – bis zum Einmarsch der Nazis in Wien 1938? Ich war zwanzig Jahre alt, als ich während eines Urlaubs in Paris nacheinander Apollinaire, Valéry und Gide klarzumachen suchte, was mir durch Freud – dessen Namen nur einigen wenigen Psychiatern in Frankreich geläufig war – die Welt des Geistes auf den Kopf zu stellen schien. Ich war damals von Begeisterung hingerissen und brannte darauf, denjenigen, auf die es mir ankam, meine Überzeugungen, wie man es nicht beflissener tun könnte, mitzuteilen – das Gerücht geht um, daß ich von dieser Krankheit immer noch nicht geheilt bin –, und ich erinnere mich, daß ich jedem meiner Opfer einen bestimmten Köder vorhielt, den es aller Wahrscheinlichkeit nach nicht verschmähen würde: Apollinaire den »Pansexualismus«, Valéry den Schlüssel der Fehlleistungen, Gide den Ödipuskomplex. Doch trotz des Aufwands erntete ich nur Lächeln, oder man klopfte mir in freundschaftlicher Nachsicht auf die Schulter. Hier an dieser Stelle entdecken wir tatsächlich den modernen Turm zu Babel unter anderem Blickwinkel: Nicht nur die Wörter sind schlaff geworden, nicht nur unsere Sprache ist, wie Rougemont sagt, »ausgekuppelt«, sondern auch die Geister, die in unserer Zeit als vorbildlich gelten können; sie sind Experten einzig noch *auf ihrem Gebiet*, und sie scheuen sich nicht, sich zu verleugnen, sobald man sie von ihrem Terrain zu locken versucht. Bedenken Sie, bitte, daß dies in der verrufenen Epoche des Mittelalters ganz anders war. Heute sehen wir uns diesem Doppelproblem gegenüber: Der Sinn der Wörter ist wiederzuentdecken, und – ich bin nicht verrückt genug, um zu sagen: die Universalität der Erkenntnis, aber – der Appetit auf eine universelle Erkenntnis ist wiederzugewinnen.

Es geht darum, den menschlichen Austausch wieder produktiv

und wünschenswert zu machen, der sich heute verzehrt und im »Dialog« der Maschinengewehre verneint. Dieses Unterfangen ist keineswegs aussichtslos, man kämpft gegen die unabsehbare Entwertung des allein wirklichen Zahlungsmittels, der Sprache, und widersetzt sich dem Wuchern eines bösartigen Tumors: der Aufteilung der Welt in engstirnig spezialisierte Kasten von Individuen. Es geht darum, auf etwas zu achten, was die allgemeinste Kommunikation – wie schon in der Kunst und in der Psychologie geschehen – ohne Voreingenommenheit zwischen den Lebenden wiederherzustellen vermag. Dieses Etwas *wird sein.* Zu seiner Realisierung fehlt, abgesehen von günstigen ökonomischen Bedingungen – aber das kann sich ändern –, nur noch eine spektakuläre Entdeckung, wobei gewisse Vorzeichen, wenn sie nicht trügen, darauf hindeuten, daß sie sich im Feld der *Physik* ereignen wird.

1924 schrieb ich zu Beginn des ersten *Surrealistischen Manifests:* »Einzig das Wort Freiheit vermag mich noch zu begeistern.« Diese Begeisterung ist mir geblieben. Freiheit – welchen groben Mißbrauch man damit auch getrieben hat, dieses Wort ist in keiner Weise korrumpiert. Es ist das einzige, an dem sich die Zunge von Goebbels verbrennt, es beherrscht die Inschriften, die Pétain vom Giebel der öffentlichen Gebäude tilgen wollte. Freiheit. Sogleich wetterleuchten in meinem Kopf die ältesten, die erbittertsten und erregendsten Debatten der Theologen, und sogleich erheben sich einige der bedeutungsschwersten Sätze, die ich kenne, in meinem Gedächtnis, Sätze, die sehr viel mehr sagen als ihre Wörter. Ich höre die donnernde Stimme Saint-Justs: »Keine Freiheit für die Feinde der Freiheit.« Ich höre die großen Denker des 19. Jahrhunderts, die auf dem Boden des Tiegels nach der Spur der Wahrheit forschen, gemeinsam eine These formulieren, die nach nichts aussieht und gleichwohl alles bedeutet: »Freiheit ist Einsicht in die Notwendigkeit.« Und schrill wie eine Herausforderung erklingt auch hier wieder die kurze Notiz Apollinaires: »Der Marquis de Sade, der freieste Geist, der jemals gelebt hat.« Aus den Trümmern, unter denen manche es hatten ersticken wollen, sehe ich das proletarische Bewußtsein hervorbrechen, jenes Bewußtsein, in dem die Freiheit heute ihren Platz hat wie

ein Damentaschentuch in einer kräftigen, geschwärzten, geballten Faust.
Es ist keine Übertreibung zu sagen, die leidenschaftliche Suche nach Freiheit sei das beständige Motiv der Surrealisten zwischen den Kriegen gewesen. Denen, die fragen, weshalb in der surrealistischen Bewegung Spaltungen eingetreten sind, warum es zu jähen Ausschlüssen gekommen ist, antworte ich, daß sich diejenigen unterwegs ausgeschlossen haben, die sich mehr oder weniger offenkundig gegen die Freiheit vergangen haben. Da die Freiheit im Surrealismus die zentrale Inspirationsquelle gewesen ist, das heißt in allen ihren Gestalten beachtet und gerühmt worden ist, hat es, wie man sich denken kann, vielerlei Möglichkeiten gegeben, sich gegen sie zu vergehen. Ich zum Beispiel hielt und halte es für ein einschneidendes Vergehen, zu den starren Formen der Dichtung zurückzukehren, nachdem evident ist, ganz besonders in der französischen Sprache – und die außergewöhnliche Ausstrahlung der französischen Poesie seit der Romantik erlaubt es, dies zu verallgemeinern –, daß die Qualität des lyrischen Ausdrucks durch nichts so viel gewonnen hat wie durch die Befreiung von den überlieferten Regeln – ich erinnere an Rimbaud, Lautréamont, den Mallarmé des *Würfelwurfs*, die bedeutendsten Symbolisten (Maeterlinck, Saint-Pol-Roux), den Apollinaire der »poèmes-conversations«. Und das nämliche gilt für die Malerei – ich nenne nur die Namen van Gogh, Seurat, Rousseau, Matisse, Picasso und Duchamp. Damit ist zugleich gesagt, daß man sich an der Freiheit vergeht, wenn man darauf verzichtet, sich individuell auszudrücken, also den Rahmen zu sprengen, in dem einen eine »Partei« halten will, und verstünde sich diese Partei gleich als die Partei der Freiheit (Verlust der Wahrnehmung des Einzigartigen) oder – und das läuft auf dasselbe hinaus – wenn man glaubt, unverrückbar und unantastbar man selber zu sein (Verlust des Gefühls für die Abhängigkeit): Die Freiheit ist über alle Maßen begehrt und zugleich von Grund auf zerbrechlich. Darin gründet ihr Recht, eifersüchtig zu sein. Um bei ihr in Ungnade zu fallen, muß es keineswegs immer so weit kommen wie mit Chirico vor fünfzehn Jahren, als er die Signale eines seiner damaligen Bilder mit einem faschistischen Titel wie »Rö-

mische Legionäre beim Anblick des eroberten Landes« unterstrich, oder wie neulich mit Avida Dollars, der sein Porträt des spanischen Botschafters, das heißt des Vertreters Francos, dem die Unterdrückung dieses Landes geschuldet ist, mit kriecherischem Akademismus verbrämte, womit Dollars den Mord an seinem besten Jugendfreund, dem großen Dichter García Lorca wiederholte. Im übrigen ist bekannt, welches Verhältnis Franco zum Leben, zum Geist und zur Freiheit unterhält.

Ich bestehe darauf, daß der Surrealismus historisch nur im Zusammenhang mit dem Krieg verstanden werden kann, das heißt – von 1919 bis 1938 – im Zusammenhang mit dem, wovon er seinen Ausgang genommen hat, und zugleich mit dem, wozu er zurückgekehrt ist. In Frankreich war diese Periode von einer grenzenlosen Bewußtlosigkeit und einer grenzenlosen Sorglosigkeit gekennzeichnet, und keiner, der bei Sinnen ist, wird bestreiten, daß diese Zeit sich in den Bahnen fataler Selbstgefälligkeit und schrecklicher Trägheit bewegt hat. Ich erinnere an die Regierungen in jener Ära, die fast allesamt sich aus beliebig austauschbaren Personen zusammensetzten, mittelmäßigen Personen, die seit langem den Ton angegeben hatten und die ohne Glaubwürdigkeit das Fortleben der Parteien verlängerten, in denen zwanzig Jahre lang kein frisches Blut mehr hat zirkulieren können. Da diese Männer nichts begriffen und nicht vorgesorgt hatten, weder sie noch die Mehrheit, die sie an der Macht hielt, hat man, so behaupte ich, an der Spitze der unparteilichen intellektuellen Spekulation, namentlich im Surrealismus, ihre Verblendung nicht geteilt, man hat ihnen in keinem Punkt vertraut, weder was die Verhinderung einer weiteren Katastrophe noch was die innere Stärkung der republikanischen Institutionen angeht. Soll das heißen, daß die Surrealisten ahnten, welchem Abgrund man sich näherte, ja, mehr noch, daß sie in etwa vorauszusagen vermocht hätten, *wann* die Kluft aufreißen würde? Ich will dafür nur einen einzigen Beweis vorlegen, einen Satz aus meinem *Brief an die Wahrsagerinnen* (1925), den man in der Neuausgabe des *Manifests des Surrealismus* von 1929 wiederfindet: »Es gibt Leute, die behaupten, daß sie etwas aus dem Krieg gelernt haben; sie sind jedoch weniger weit gekommen als ich, der weiß,

was das Jahr 1939 für mich bereithält.« Sofern der Ausbruch des Krieges vierzehn Jahre im voraus in diesem Satz prognostiziert ist, folgt daraus, daß die Thesen des Surrealismus im Hinblick auf eben diesen Krieg ein »Diesseits« und ein »Jenseits« enthalten. Das »Diesseits« besteht in der Behauptung eines radikal non-konformistischen Willens, der allgemeinen Laxheit entgegenzuwirken, was zwangsläufig eine gewisse Phrenesie zur Folge hat. Darin artikuliert sich sicherlich nicht die Rückkehr zu einer Zeit der Milde und freien Betrachtung der Ziele der menschlichen Existenz. Die Menschen spüren, daß die Gesellschaft, die sie konstruiert haben, eine weitere Falle aufstellt, daß die Güter, die sie ihnen anbietet, überaus kurzlebig sind, daß selbst die Ethik, die sie ihnen aufnötigt, trügerisch ist, denn es ist unverkennbar, daß diese Ethik einer ganz anderen Werteskala weichen wird, sobald die ununterbrochene Perfektionierung und immense Akkumulierung der Todesmaschinen dies gebieten werden.
Es ist mehr Ihre Sache, meine Herren, als meine, zu entscheiden, was in den Thesen des Surrealismus *jenseits* dieses Krieges verborgen liegen kann. Unter den gegenwärtigen Umständen und vor allem zu einem Zeitpunkt, da Sie sich einem Wendepunkt in Ihrem Leben nähern, wäre es mir kleinlich erschienen, Ihnen einen didaktischen Vortrag zu halten. Ich weiß, daß die unvergleichlich sachkundigen Erläuterungen Henry Peyres, der mir die Ehre gegeben und das Vergnügen verschafft hat, in einer solchen Stunde hier zu sprechen, Ihnen zur Verfügung stehen. Es ist klar, daß in dem Prozeß, den der Surrealismus in Gang gesetzt hat, ich zu lange »Partei« gewesen bin, um mich heute zum Richter aufwerfen zu dürfen. Allerdings bin ich überzeugt davon, daß nicht alle unter dem Namen Surrealismus aufgewendete Energie *vergeblich* gewesen ist, und Sie werden mir dies wohl abnehmen, da es auf dem Gebiet, in dem diese Energie aufgewendet wurde, keinen Beweis des Gegenteils gibt. Am Ausgang des Tunnels wird man versuchen müssen, diese Energie zu reaktivieren. Man darf hoffen, daß die katastrophale Erfahrung des anderen »Nachkriegs« klug gemacht haben und daß man sich nicht damit begnügen wird, auf die dürftigen Begriffe zurückzukommen, die damals vorherrschten. »Das wahre Leben ist abwesend«, sagte

Rimbaud. Doch um es zu erobern, darf man den entscheidenden Augenblick nicht verpassen. Bei dieser Suche, glaube ich, wird man den ganzen Mut benötigen, zu dem wir fähig sind. Wenn das möglich ist, wenn es *dieses Mal die richtige* Partie ist – andernfalls wäre es nur Remis –, dann wird man nicht darum herumkommen, die surrealistischen Vorschläge, direkt oder vermittelt, ernsthaft in Erwägung zu ziehen, jene Vorschläge, die angesichts der verzweifelten Situation mitten im 20. Jahrhundert – das kann man nie genug betonen – neue Schlüssel an die Hand geben. Ich kann diese Vorschläge, so wie sie sich bei uns Stück für Stück herausgebildet haben, abschließend nur zusammenfassend nennen:

1. – Man muß Freud zustimmen, daß die Erforschung des Unbewußten die einzigen tauglichen Erklärungsgrundlagen für die Motive liefert, die den Menschen handeln lassen. Die angeblich bewußten Begründungen, die sich über diese Motive hinwegsetzen zu können vorgeben, erzeugen nichts als oberflächliche Plausibilitäten. Der Surrealismus hat nie aufgehört, den *Automatismus* nicht nur als ästhetische Ausdrucksmethode, sondern auch als Instanz einer allgemeinen Revision der Erkenntnisweisen zu bestimmen.

2. – Wie 1930, so sage ich heute, und zwar mit um so größerem Recht: »Im intellektuellen Bereich ging es und geht es noch immer darum, mit allen Mitteln und um jeden Preis das *Künstliche* der *alten Antinomien* bloßzulegen, die man dazu ausersehen hat, jeder ungewöhnlichen Regung des Menschen vorzubeugen, und sei es dadurch, daß man ihm eine allzu karge Vorstellung von seinen Möglichkeiten gegeben hat, indem man ihm die Überzeugung nahm, sich dem universalen Zwang nennenswert entziehen zu können. Wir halten daran fest, daß es einen geistigen Standort gibt, von dem aus Leben und Tod, Reales und Imaginäres, Vergangenes und Zukünftiges, Mitteilbares und Nicht-Mitteilbares, Oben und Unten nicht mehr als widersprüchlich empfunden werden.« Dies hat nichts mit Okkultismus zu tun; es drückt vielmehr ein tiefsitzendes Verlangen aus, das man eines Tages als die Substanz des Surrealismus erkennen wird. Dem Surrealismus wird alles willkommen sein, was diese fälschlich als unüberwindlich geltenden Gegensätze mindert, Gegensätze, die im Laufe der

Geschichte beklagenswert vertieft wurden und die die wahren Retorten des Leidens sind: Gegensatz von Wahnsinn und angeblicher »Vernunft«, die sich beharrlich weigert, das Nichtrationale ernst zu nehmen, Gegensatz von Traum und »Tat«, der den Traum zur Nichtigkeit herabsetzt, Gegensatz zwischen geistiger Vorstellung und sinnlicher Wahrnehmung, obwohl das eine wie das andere aus der Dissoziation einer einzigen authentischen Fähigkeit hervorgegangen ist, woran der Primitive und das Kind sich noch eine Erinnerung bewahrt haben, und die den Bann der absoluten Trennung der inneren von der äußeren Welt aufhebt, eine Fähigkeit, die, falls er sie wiedererlangt, den Menschen erretten könnte.

3. – Der unter den für uns verhängnisvollen Gegensätzen am schwierigsten aufzulösende ist derjenige – und ich habe mich sehr lange gerade mit ihm befaßt –, der objektive Natur und menschliche Natur in der Idee gegeneinander ausspielt, sie als miteinander unverträglich darstellt. Obwohl ich nicht behaupten will, diesen Gegensatz überwunden zu haben, so habe ich doch immerhin gezeigt, daß er einer aufmerksamen Beobachtung der *Koinzidenzen* und anderer Phänomene des »Zufalls« nicht standhält. Der »Zufall« bleibt der große Schleier, den es zu lüften gilt. Ich habe ihn die Erscheinungsformen der äußeren Notwendigkeit, die sich einen Weg im menschlichen Unbewußten bahnt, genannt.

4. – Es gibt noch ein paar Sätze von mir aus der Zeit des anderen Krieges, die ich Ihnen nicht vorenthalten möchte, da sie sich gleichermaßen auf meinen damaligen Fall und auf den Ihren heute anwenden lassen. Sie lauten: »Wir, die wir im Verlauf dieses Krieges das Alter von zwanzig Jahren erreichten, das heißt das Alter, in dem man sein Leben ordnet, mußten dabei den unerbittlichen Realitäten Rechnung tragen. Um nicht allzuviel Verdruß zu empfinden, maßen wir den Dingen nur wenig Bedeutung bei. Von unseren Philosophen und unseren Dichtern verlangten wir dasselbe Opfer.« Ich meine, daß diese Einstellungen wieder aktuell geworden sind. Der menschliche Geist ist wohl so beschaffen, daß er in Augenblicken, in denen die Federn des Lebens zum Zerreißen gespannt sind, eine paradoxe Erholung genießt. Dies sollte ihn davon abhalten, danach – und manchmal

hat ihm der Surrealismus Rechenschaft darüber abgefordert – die Welt verbissen ernst zu nehmen.
5. – Indem sich der Surrealismus vornahm, verschiedene Verfahrensweisen miteinander zu verbinden, ist er an die Schwelle des *Es* selbst gelangt, eines Sachverhalts, der im psychoanalytischen Vokabular, wie Sie wissen, im Gegensatz zum *Ich* die Gesamtheit der aktiven Kräfte bezeichnet, die dem Bewußtsein, aufgrund von Verdrängungsleistungen, entzogen sind. Freud hat im »Es« die »Arena für den Kampf zwischen Eros und Todestrieb« gesehen. Angesichts der gegenwärtigen Ereignisse entfaltet diese Konzeption ihre ganze Brisanz. Was bei seinem Wiedereintritt ins sogenannte normale Leben enttarnt und gründlich entrümpelt werden muß, ist dieses unermeßliche und düstere Feld des *Es*, in dem die Mythen sich aufblähen und von dem sich die Kriege nähren. Wie aber, werden Sie mich fragen, kommt man an dieses Feld heran? Ich behaupte, daß allein der Surrealismus sich mit der Lösung dieses Problems beschäftigt hat, daß er wirklich den Fuß in diese Arena gesetzt und daß er zu nützlichen Zwecken und im Blick auf ein Vorhaben, das seine Kräfte weit überstieg, das er aber für dringlich gehalten hat, einige Wachposten dort aufgestellt hat: Energisches Vertrauen in den Automatismus als Sonde; hartnäckige Hoffnung auf die Dialektik (Heraklits, Meister Eckharts, Hegels) im Blick auf die Aufhebung der Antinomien, die den Menschen überwältigen; Anerkennung des objektiven Zufalls als Indiz der möglichen Versöhnung der Zwecke der Natur und der Zwecke des Menschen in den Augen des Menschen; Wunsch, den *schwarzen Humor*, der bei einer bestimmten Temperatur die Rolle eines Sicherheitsventils spielen kann, dauerhaft in den psychischen Apparat zu integrieren; praktische Vorbereitung auf einen *Eingriff in die Mythen*, der zunächst einer exzessiven Entschlackung gleichen wird – dies sind und bleiben die fundamentalen Parolen des Surrealismus.
Meine Herren, beim Anblick des in voller Fahrt befindlichen Zuges, dessen Waggons Schilder mit der Aufschrift: »1942 – Zukunft« tragen, und der an dem Bahnsteig, auf dem wir hier stehen, einen Augenblick anhalten wird, denke ich daran, daß sich einige von Ihnen anschicken, fortzugehen, und ich möchte

Sie unter keinerlei Vorwand mit etwas belasten, das Sie verwirren könnte. Wie stark Wissensdurst und Tatendrang auch immer sein mögen, ich weiß, daß sie, wenn man zwanzig ist, vor dem Blick einer Frau zerfallen können, der die ganze Anziehung der Welt in sich versammelt. Alles, woran ich mich habe halten können und woran ich mich noch immer halte, würde für mich einen wichtigen Teil seiner Bedeutung einbüßen, gälte es mir nicht für ausgemacht, daß es dem Surrealismus, von dem Ensemble der Ideen bewegt, die ich Ihnen beschrieben habe, und zugleich die Beklemmung seiner Epoche ausdrückend, gelungen ist, der *Schönheit* ein neues Gesicht zu geben.

Hommage à Antonin Artaud

Meine Damen, meine Herren,
nicht ohne Zögern bin ich dem Aufruf der Organisatoren dieser Veranstaltung gefolgt. Wäre da nicht die gebieterische moralische Verpflichtung, einen einzigartigen Menschen zu ehren und die Rückkehr eines besonders lieben Freundes zu weniger abscheulichen Lebensbedingungen zu feiern, hätte ich wohl nicht eingewilligt, hätte ich mir diese Vorrede versagt. Ich bin in der Tat erst seit zu kurzer Zeit wieder in Paris, und ich habe eine zu lange Abwesenheit hinter mir, um sicher sein zu können, daß ich mich in diese Stadt erneut hineingefunden habe, daß die Strömungen, die sie durchwandern, sich mir erschließen und daß ich meine Stimme ohne weiteres zu *plazieren* vermag. Vor allem aber verhehle ich nicht, daß ich mit Beunruhigung die neue Lage betrachte. Auf die Gefahr hin, daß sich unser Vorhaben auflöst – nämlich in die Norm zurückfällt, die heute empörender ist als jemals zuvor –, auf die Gefahr hin, möglich zu machen, daß eine Folge von individuellen Enttäuschungen sich als kollektives geistiges Scheitern darstellt, das, nach so vielen anderen, noch übermütiger machen wird, was wir verachtet und gehaßt haben, sollten wir, denke ich, unmißverständlich reagieren. Der Entscheidungsort für das, was sich in *authentischer* Weise unter dem Namen Surrealismus gesucht hat und sich, so jedenfalls hoffe ich, immer noch sucht, kann im Jahr 1946, täuschen wir uns da nicht, nicht die *Öffentlichkeit* sein. Die Bedingungen für das Denken und das Handeln sind heute allenthalben so sehr verdunkelt, es lastet eine derartige Vernichtungsdrohung auf der Welt, daß man nur Mitleid haben kann mit denen, die es nicht lassen können, persönlich um Stimmen zu betteln oder auf alte angebliche Ruhmestitel zu pochen. Im Hinblick auf die Ereignisse der letzten Jahre füge ich hinzu, daß für mich jede Form von »Engagement« Hohn und Spott verdient, das diesseits dieser dreifachen

und zugleich unteilbaren Ziels verharrt: die Welt verändern, das Leben ändern, die Verständigung unter den Menschen neu begründen.

Antonin Artaud ist derjenige, der sich – allein – am weitesten auf diesem Weg vorgewagt hat, und doch verbieten mir die vorausgeschickten Überlegungen, seine dramatische Botschaft am hellichten Tage, vor aller Ohren zu kommentieren und seine überaus schmerzliche gesellschaftliche Erfahrung zu zitieren. Mir scheint, ich würde dabei die Sache verraten, die uns, ihm und mir, gemeinsam ist, ich würde etwas Unantastbares dem ersten besten preisgeben. Mehr als zwanzig Jahre zurückdenkend, empfinde ich wieder die untilgbare Hoffnung, die uns, zu mehreren, gestärkt und uns über uns selbst hinausgeführt hat. Ich denke an all das, was damals von uns Besitz ergriffen hat, an jenen Sturzbach, der uns vorwärtsgetrieben hat und der das, was sich uns entgegenstellte, in einem tosenden Gelächter mit sich fortriß. Dies ist das Geheimnis fundamentaler Energie, das jede neue Generation für sich entdecken muß. Jedesmal, wenn ich – mit einiger Wehmut – darauf zu sprechen komme, was die surrealistische Forderung gewesen ist, wie sie sich in ihrer originellen Reinheit und Unversöhnlichkeit ausdrückte, ist es die ebenso faszinierende wie düstere Person Antonin Artauds, die sich mir aufdrängt: Es ist eine gewisse Tonlage seiner Stimme, die Goldpailletten in das Gemurmel wirft, es ist die *Nervenwaage,* es ist *L'Ombilic des Limbes,* und es ist jene Nummer 3 der *Révolution surréaliste,* die von Artaud nach seinem Geschmack zusammengestellt worden war und die in der Serie dieser Zeitschrift den höchsten Grad an Leuchtkraft erreicht hat und in mir heute die Ahnung ungeschmälerter Lebendigkeit wiedererstehen läßt, indem sie mir jenen Menschen vorstellt, der unbeirrt, wider alle Gewitter den Weg zum Gipfel wagt. Antonin Artaud – ich habe nicht Rechenschaft zu geben von dem, was er gelebt, noch von dem, was er gelitten hat. Vor allem möge man von mir keine Kritik im einzelnen erwarten. Ich werde mich hüten, die klinischen Prozeduren, über die sich unser Freund hat beklagen können, einem Manne anzukreiden, der einigen von uns bekannt ist – alles deutet darauf hin, daß er verständnisvoll und aufgeschlossen ist –, ich kreide sie aber einer Institution an, deren anachronistischen und barbarischen Charakter wir unermüdlich denunzieren werden und deren Existenz – mit allem, was von Konzentrationslager und Folterkammer in ihr fortwirkt – allein schon eine grundsätzliche Anklage gegen die angebliche »Zivilisation« heute ist.

Verlieren wir nicht aus dem Auge, daß die inspirierte Sprache Antonin Artauds anderswo als unter dem leeren Himmel Europas mit großer Hochachtung aufgenommen wurde, daß sie die fernen Gemeinschaften zu erreichen vermochte. (Ich denke insbesondere an den bevorzugten Empfang, den die indianische Bevölkerung außergewöhnlichen Augenzeugen seines Schlags bereitet hat.) Ich bin zu wenig Anhänger des alten Rationalismus, den wir in unserer Jugend im Chor verhöhnt haben, um das exorbitante Zeugnis unter dem Vorwand in Zweifel zu ziehen, daß es dem gesunden Menschenverstand widerspricht. Antonin Artaud selbst möchte ich besänftigen, wenn er sich darüber ärgert, daß meine Erinnerung an das mehr oder weniger entsetzliche Jahrzehnt, das wir hinter uns haben, die seine nicht exakt bestätigt.[1] Ich weiß, daß Artaud *gesehen* hat, in dem Sinn wie Rimbaud und vor ihm Novalis und Arnim von *sehen* gesprochen haben; seit der Veröffentlichung

---

[1] Nach der Entlassung aus dem Krankenhaus von Rodez fuhr Artaud fort, sich in exzentrischer Weise die Ereignisse zu vergegenwärtigen, die ihm zufolge sich im Oktober 1937 in Le Havre abgespielt hatten und die seiner Einlieferung vorausgingen. Er war überzeugt davon, daß ich damals mein Leben verloren hatte, als ich ihm zu Hilfe kommen wollte (der Umstand, daß er mich brieflich um ein Treffen bat, änderte daran nichts). Nachdem er mich seit dieser Zeit nicht mehr gesehen hatte, schrieb er mir am 31. Mai 1946: »Sie waren es, der im Oktober 1937 in Le Havre von Maschinengewehrkugeln der Polizei *getötet* wurde (ich sage *getötet*), und zwar vor dem Hôpital général von Le Havre, wo ich in der Zwangsjacke steckte und man mir die Füße am Bett festgebunden hatte. Sie haben dort mehr als Ihr Bewußtsein verloren, und Sie haben Ihren Körper gerade noch behalten, denn nach dem Tod kommt man nur mit Mühe zu sich.« Als wir am nächsten Tag zusammen auf einer Caféterrasse saßen, und er mich beinahe anflehte, das Ganze öffentlich zu bezeugen, um den Protesten und Einwendungen zu begegnen, auf die diese unwahrscheinliche Erzählung traf, war ich gezwungen – unter allen denkbaren Vorsichtsmaßnahmen –, ihn zu widerlegen. Kaum hatte ich es getan, füllten sich seine Augen mit Tränen. Solange wir an jenem Tag zusammenblieben, ließ er sich nicht von der Auffas-

von *Aurèlia* bedeutet es ziemlich wenig, daß das, was so gesehen worden war, nicht mit dem übereinstimmt, was *objektiv sichtbar* ist. Das Drama besteht darin, daß die Gesellschaft, der anzugehören wir uns weniger und weniger beglückwünschen, es zum unsühnbaren Verbrechen erklärt, wenn einer *hinter den Spiegel* geschaut hat. Im Namen dessen, was mir heute mehr denn jemals am Herzen liegt, begrüße ich die Rückkehr Antonin Artauds in die Freiheit in einer Welt, in der die Freiheit selbst erst wiederhergestellt werden muß. Jenseits der prosaischen Widersprüche gehört Artaud, der wunderbaren Person, mein ganzes Vertrauen. Ich grüße in Antonin Artaud die rasende, heroische Verneinung all dessen, was uns am Leben sterben läßt.

1946

---

sung abbringen, daß ich ihm die Wahrheit verheimlichte, entweder weil ich das gleiche Interesse hätte wie die anderen, was er nicht ohne Pein sich hätte eingestehen mögen, oder, was sehr viel wahrscheinlicher sei, daß man mich durch Manipulationen meiner richtigen Erinnerungen beraubt hätte, um sie durch falsche zu ersetzen. In einem Brief vom 3. Mai wird er seine Position, wenigstens teilweise, aufgeben: »Ich glaube, da Sie es mir gesagt haben, daß Sie im Oktober 1937 tatsächlich nicht in Le Havre waren, sondern in der Galerie Gradiva in Paris. Ich behaupte, daß ich niemals deliriert habe, daß ich niemals den Sinn für die Realität verloren habe und daß meine Erinnerungen, oder was mir nach fünfzig Komas davon geblieben ist, wirklich sind. Ich habe in Le Havre drei Tage lang vor dem Hôpital général die Maschinengewehre der Polizei gehört, ich hörte einen ganzen Vormittag lang von allen Kirchen die Sturmglocken läuten. *Seitdem* habe ich nichts Vergleichbares mehr gehört. Man kann sich tatsächlich lange über die Deutung dieser Tatsache streiten. Von verschiedenen Seiten war mir gesagt worden, daß André Breton mich gewaltsam befreien wollte. Sie sagen mir, daß Sie es nicht getan haben: ich glaube Ihnen.« (*Anmerkung des Autors,* März 1952)

Vor dem Vorhang

Fast ein Jahrzehnt – dem man eine einmalig zerstörerische Wirkung nicht absprechen kann – trennt uns von der letzten internationalen Ausstellung des Surrealismus. Die Erinnerung an ihre Eröffnung ist dennoch ziemlich lebendig geblieben (wie ein Kritiker schreibt, »hatten sich niemals seit dem Brand des Bazar de la Charité Leute so sehr gedrängelt«), so daß viele argwöhnten, die Ausstellung von 1947 könnte in einem ähnlichen oder schlimmeren Debakel enden. Das Interesse der einen würde in der Tat die Grenzen einer Zeremonie nicht überschreiten, die sie von der Vergangenheit her für ein von uns inszeniertes Ritual halten, während die anderen sich bereits anschicken, den beleidigenden – ja ehrenrührigen – Charakter einer solchen Veranstaltung in so geringem Abstand zu äußerst bitteren Ereignissen zu beklagen. Wir müssen sie enttäuschen.

Heute kann man mit einiger Genugtuung die Artikel durchblättern, die die Presse 1938 der Ausstellung in der Galerie des Beaux-Arts widmete. Diese Artikel[1], und schon die Namen der Zeitungen, in denen sie erschienen[2], vermögen uns zu bestätigen, daß ihre Wut verglommen ist, daß ihr Gift seine Wirksamkeit verloren hat. Dennoch rechnen wir mit seiner Reaktualisierung, auf krummen Wegen, in leicht verhüllter Gestalt. Der Surrealismus

---

[1] Beschränken wir uns darauf, einige Titel zu zitieren: »Der surrealistische Jahrmarkt«, »Die Schule der Possenreißer«, »Eine Übertreibung aus dem Atelier«, »Die alten schrecklichen Kinder«, »Wo Dada Gaga wird«, »Die komplizierten Schweine«, etc., wobei sie nach besten Kräften in dem nekrologischen Klischee endeten: »Surrealismus tot, Ausstellung folgt«, »Die surrealistische Beerdigung«, »Der Surrealismus noch nicht tot«, »Agonie des Surrealismus«, »Pleite des Surrealismus« etc., ein Klischee, das seit zwanzig Jahren den armseligen Schreibern den Triumph einer Trouvaille zu verschaffen scheint.

[2] *Gringoire, Candide, Le Temps présent, Je suis partout,* um nur die aggressivsten zu nennen.

fordert offenbar unwillentlich diesen diskriminierenden Angriff heraus.
Zehn Jahre Abstand ermöglichen es nicht nur, zu unterscheiden, was in dem Wirbel um die erste Ausstellung das geistige Klima von 1938 ziemlich deutlich ausdrückt, sondern auch in ihrer wahren Perspektive – die nicht, um es noch einmal zu sagen, die Perspektive der Kunst ist – Elemente ihrer Struktur auszumachen, die der Absicht dienten, das unsichere Gelände zugänglich zu machen, das sich an der Grenze des Poetischen und Realen eröffnet. Die Anstrengungen der Organisatoren hatten in der Tat zum Ziel gehabt, ein Ambiente zu schaffen, das so weit wie nur irgend möglich das Ambiente einer »Kunst«-Galerie ausschloß. Ich bestehe darauf, daß sie keinem anderen Imperativ folgten. Insgesamt haben ihre Versuche, wenn man heute daran zurückdenkt, ihr Ziel durchaus überschritten.
Von der damaligen Kritik, die glaubte, wie gewöhnlich, mit der Präsentation der Ausstellung von 1938 das Publikum verblüffen und die »Snobs« auf ihre Seite bringen zu können, und die die »Willkür«, die Dürftigkeit und den schlechten Geschmack, die wir wieder einmal bewiesen hätten, beklagte, ist zu vermerken, daß sie vor allem ihre Abdankung offenbart hat. Die lediglich von einem Kohlebecken erleuchteten Räume, vollgestellt mit ausrangierten Bordellbetten, wovon eins mit den Füßen in einem schilfgesäumten Tümpel stand, das Dickicht der Straßenschilder (»Schwache Straße«, »Straße aller Teufel«, »Straße der Bluttransfusion«, etc.), all das hat sich nachträglich als überaus vorausweisend, ja, als prophetisch erwiesen. Denjenigen, die uns damals heftig bezichtigten, uns an dieser Atmosphäre gelabt zu haben, werden wir unschwer klarmachen können, daß wir weit unterhalb der Düsternis und der heimtückischen Grausamkeit der Ereignisse, die dann eintraten, geblieben sind. Es hing nicht von uns ab, daß diese Atmosphäre *anders* war, an der wir die Signatur der näherrückenden vierziger Jahre abtasteten. Es ist ja durchaus möglich, daß der Surrealismus, indem er einige Türen öffnete, die der Rationalismus ein für allemal verriegelt wähnte, uns in die Lage versetzt hat, hier und da eine Exkursion in die Zukunft zu unternehmen, freilich keinesfalls bewußt. Erst im

nachhinein hat sich die erhebliche Brisanz dieser Vorstöße herausgestellt.[3]

Diese Betrachtungen gelten natürlich auch für den Rahmen, in dem die internationale surrealistische Ausstellung 1942 in New York stattfand. Wie vier Jahre zuvor in Paris hatte der Surrealismus nicht den Einwänden der Versicherer und Experten nachgegeben, die in den mit Flitter bestreuten und mit Stroh gefüllten Kokssäcken einen bedrohlichen Explosions- und Brandherd vermuteten, und Marcel Duchamp hatte keine sonderliche Mühe, die Bedenken der Aussteller zu entkräften, deren Werke von den Besuchern durch einen lückenreichen, wie aus mehreren ineinander verschlungenen Takelagen zusammengesetzten Vorhang aus Schnüren abgetrennt waren. Die Schwierigkeiten, sich zu nähern, um gut zu sehen, die Unmöglichkeit, von irgendeinem Platz aus ein anschauliches Ganzes *ohne Risse* zu erkennen, lassen, sofern man überhaupt darüber nachdenken will, die Malaise vorausahnen, die wir heute erleben.

Es versteht sich von selbst, daß die Ausstellung von 1947 wahrscheinlich derselben Struktur folgen wird, obwohl die Absichten, die ihrer Regie zugrunde liegen, sowenig wie die früheren Antizipation intendieren. Uns beispielsweise eine Vorstellung davon zu bilden, wie die Jahre 1950 bis 1955 aussehen werden, ist nur wie durch stark beschlagene Scheiben hindurch möglich. Hier lähmt uns die genaue Beobachtung ...

---

[3] Als Beweis für die Skeptiker, und um zu zeigen, daß diese Prognostik vom Einzelnen zum Allgemeinen und vom alltäglichen Zwischenfall bis zum historischen Ereignis ersten Ranges gehen kann, zitiere ich: »Die großen Magasins de la Ménagère könnten Feuer fangen ...« (A.B. und Philippe Soupault, »Bitteschön«, in: *Littérature,* September 1920): Diese Kaufhäuser sind im Jahr darauf abgebrannt, und die Stelle, an der sie am Boulevard Bonne Nouvelle standen, ist seitdem merkwürdig leer geblieben. Oder der Satz aus meinem »Brief an die Wahrsagerinnen« (in: *La Révolution surréaliste,* Oktober 1925), der den Krieg für das Jahr 1939 voraussagt: »Was hält 1940 für uns bereit? 1939 ist katastrophal gewesen. [...] Muß man sich die ritterlichen Linienkämpfe zurückwünschen, oder soll man das wenig rühmliche Gemetzel des Stellungskrieges von heute vorziehen?« (Louis Aragon und A.B., »Der Schatz der Jesuiten«, in: *Variétés,* Juni 1929). Oder »Die Nacht der Sonnenblume« (in: *L'Amour fou*). Oder den Satz aus meiner Rede in Yale, der von einer »spektakulären Entdekkung auf dem Gebiet der Physik« handelte (Dezember 1942). – Cf. auch Pierre Mabille, »Das Auge des Malers« (in: *Minotaure,* S. 12–13, 1939).

Die Auffassung, die wir hier nachdrücklich vertreten, unterscheidet sich nicht wesentlich von jener, die wir vor dem »weißen Blatt« entwickelt haben und deren Verallgemeinerungsfähigkeit ich seitdem unter Beweis gestellt habe.[4] Nach der geglückten Formulierung unserer Bukarester Freunde bleibt »die Erkenntnis durch Verkennen« die große surrealistische Parole. »Ersetzen wir den rationalen Beweis durch den Glauben an das Wissen. Ersetzen wir die zerschlissenen Lumpen der Erinnerung durch die Inspiration.«[5]

Es bedeutet wenig, wenn einige von denen, die über uns urteilen, darin weiterhin nichts als Faulheit und Selbstgefälligkeit erblikken wollen. Wir sind nämlich der Meinung, daß Schlaffheit und Mattigkeit in etwas anderem bestehen. Wir haben oft genug wiederholt, daß einige Zeilen *wahrhaft* automatischen Schreibens, eine, wenn auch begrenzte, Aktion von Bedeutung, die sich den utilitären, rationalen, ästhetischen und moralischen Imperativen zu entziehen vermag – mit gleichem Recht wie der »wahre« Traum des wundervollen *Peter Ibbetson* –, hinreichend Verheißung und Imaginationskraft – wie in den ersten Tagen des Surrealismus – freisetzen, um uns die Enge und das Elend, die man uns aufzwingt, wiederrufen zu lassen. Dieses Verfahren, das, wenn es zu seinem Ziel gelangt, die Horizonte austauscht, zählt freilich nicht zu denen, die aus bloßer Neugier reproduziert werden können. Da es von der kategorischen Verneinung der den Menschen im 20. Jahrhundert auferlegten Lebens- und Denkbedingungen ausgeht, kann es nur um den Preis einer *Askese* fortgesetzt und zum Erfolg geführt werden.

---

[4] Muß man betonen, daß diese Auffassung derjenigen entgegengesetzt ist, der sich kürzlich einige Mitglieder der ehemaligen Surrealistengruppe um Magritte in Brüssel angeschlossen haben? Sie haben sich vorgenommen, in ihre Werke nichts anderes mehr Eingang finden zu lassen als »Charme, Vergnügen, Sonne, Lustobjekte«, unter Ausschluß von »Traurigkeit, Ekel, bedrohlichen Objekten«. Wenn darin auch ein verzweifelter Versuch liegen mag, sich an die Beschlüsse des Schriftstellerkongresses von Leningrad (1946) zu halten, die den Optimismus vorschreiben, so fällt es doch schwer, diese Haltung nicht mit der eines (zurückgebliebenen) Kindes zu vergleichen, das den Barometerzeiger bei »Schön« feststellt, um sich einen angenehmen Tag zu verschaffen.

[5] William Blake, zitiert von Jean Wahl (Vorwort zur Blake-Ausstellung, Paris 1947).

Mehr als jemals zuvor will jene »Idee der Größe« gerettet werden, die, wie Thomas de Quincey sagte, »*potentiell* in den Träumen des Menschen überwintert«. Und er fügte hinzu: »Der Mensch, der von Rindern redet, wird wahrscheinlich von Rindern träumen. Und die Existenzbedingung, die die große Mehrheit unserer Artgenossen unter dem Joch einer täglichen, mit einem Aufschwung des Denkens unverträglichen Erfahrung hält, macht unsere Träume häufig unfruchtbar, indem sie sie jeder Größe beraubt, und zwar selbst bei den Geistern, in denen eine außerordentliche Bilderwelt lebt. [...] Unter allen menschlichen Fähigkeiten, die heute unter der Gewalt der sozialen Instinkte leiden, steht die Fähigkeit zu träumen obenan. Dies ist kein bedeutungsloses Detail. Die Maschinerie des Traums, die in unser Gehirn eingebaut ist, hat ihre Daseinsberechtigung. Diese Fähigkeit, die Berührungspunkte mit dem Geheimnis der Hölle hat, ist der einzige Weg, auf dem der Mensch mit der Dunkelheit in Verbindung tritt.«[6] Man kann nicht gründlich genug über diese Bemerkungen nachdenken in einer Zeit, in der die Träume von Rindern alle anderen Träume zu ersetzen trachten, in der selbst der Sozialismus zu vergessen scheint, daß er aus dem (Wach-) Traum von einem besseren Zustand für alle hervorgegangen ist, und seine eigenen Ursprünge mit Mißtrauen überzieht anstatt sich an ihnen zu stärken. Eine Zeitung, die vorgibt, die Sache der Befreiung der Menschen zu vertreten, hat kürzlich die Hoffnung ausgedrückt, es möge der (sowjetischen) Wissenschaft bald gelingen, den »unproduktiven« Traum aus den Lebensverhältnissen der Menschen zu verbannen. So weit ist es also gekommen.

Es vergeht kaum ein Tag, an dem der Surrealismus nicht aufgefordert wird, den Platz zu räumen oder sich eine »neue Haut«[7]

---

6 »Suspiria de profundis«, übers. von Alexis Perneau, in: *L'Age d'or,* Dezember 1946.

7 »Wenn der Surrealismus«, schlägt Jean Maquet vor, »Eluard und seine Abkömmlinge, den Automatismus und das freudianische Unbewußte, die Magie und den Primitivismus und einen allzu schnell übernommenen Marxismus hinter sich läßt, dann wird ihm immer noch das bleiben, was er vor allem war, was er im wesentlichen hätte sein müssen: Verfahren gegen sich selbst, Erfahrung im Rohzustand, Provokation zu seinem eigenen Untergang, kurz, Organisierung und Verinnerlichung der Revolte.« (in: *Troisième Convoi,* Oktober 1945)

zuzulegen. Die öffentliche Manifestation von 1947 kommt denen nicht entgegen, die solche Wünsche hegen. Sie widerspricht solchen Wünschen. Das surrealistische Projekt, das, wie wir in Erinnerung gerufen haben, lange vor seiner Kodifizierung existiert hat, könnte nicht, ohne sich zu ruinieren, umgebogen oder aus seiner Bahn gelenkt werden. Seine Vergangenheit ist auch der Treuhänder seiner Zukunft. Deshalb setzen wir uns leichten Herzens über derlei Rügen hinweg.

Worauf wir uns verlassen, sind unsere Sensibilität und die von Jahr zu Jahr *wechselnden* Impulse, die sie in sich aufnimmt: Impulse des Interesses, der Neugier und der Emotion, die für uns, am Rande der großen Kommunikation, immer neue Kristallisationspunkte bilden, die Punkte der Erneuerung sind. Wir haben zu oft beobachten müssen, wie bedeutende Werke durch einfallslose Interpretation oder stereotype Ausschlachtung gefesselt, gelähmt und geknebelt worden sind. (So hat man beispielsweise aus dem Satz: »Die Poesie muß von allen, nicht von einem gemacht werden«, unter Mißachtung des Gesamtwerkes von Ducasse einen demagogischen Gemeinplatz zu machen gesucht.) Es darf nichts unversucht bleiben, um solchen Korrumpierungen, solcher Verdrängung durch Entstellung Einhalt zu gebieten. Im übrigen muß jede neue Epoche – und neu nennen wir eine Epoche, die einen Bruch mit der historischen Kontinuität vollzieht – neue Traditionen erschließen: Bürgen und Inspirationsquellen, die sich von denen unterscheiden, in denen sich die vorangegangene Epoche erkannt hat. Erst die Geschichte wird entscheiden, ob die Konstellationen, die der Existentialismus in den Vordergrund geschoben hat, eine solche Rolle werden spielen können.[8] Man hört heute sagen, daß die ästhetischen Fragen, die zwischen 1920 und 1940 die Gemüter beschäftigten, moralischen Fragen weichen werden. Aber das ist vielleicht nur ein Ausdruck von Wunschdenken. In einer anderen Weise symptomatisch ist die

---

[8] Behalten wir für alle Fälle im Gedächtnis, daß »Heidegger in einigen seiner kleinen Schriften versucht hat, eine eher mythische als mystische Philosophie zu begründen, die uns eine Kommunion mit der Erde und der Welt zur Pflicht macht und sich dazu auf das Denken des Dichters Hölderlin beruft.« (Jean Wahl in: *Petite Histoire de l'existentialisme,* éd. Club Maintenant, 1947).

Beobachtung, daß Werke, die das Phantastische und das »Utopische« verschmelzen, wieder Aufmerksamkeit an sich binden. Und es ist wohl auch kein Zufall, daß jüngste Forschungen am Knotenpunkt des poetischen und des sozialutopischen Denkens – bei den großen Konventsmitgliedern, bei Hugo, Nerval, Fourier – die fortdauernde Wirksamkeit einer mit Einbildungskraft gesättigten Weltdeutung entdeckt haben: Martinès, Saint-Martin, Fabre d'Olivet, Abbé Constant. (Die Universitätswissenschaft hat davon bis heute nicht Kenntnis genommen und sich damit selbst disqualifiziert.) Ich vermute – und es gibt gute Gründe für diese Vermutung –, daß die großen Dichter der zweiten Hälfte des 19. Jahrhunderts von diesen Vorstellungen mehr oder weniger direkt beeinflußt worden sind (Lautréamont, Rimbaud, Mallarmé, Jarry). Die gravierenden emotionalen Bewegungen, die uns noch immer umtreiben, und die Charta der Sinnlichkeit, die uns leitet, gehen also auf eine ganz andere Tradition zurück als jene, die man uns lehrt. Und über diese verdeckte, diese andere Tradition wird in ebenso unwürdiger wie unverschämter Weise Schweigen gebreitet.

So ist denn damit zu rechnen, daß wir uns abermals kompakter Mißbilligung aussetzen werden mit der Entscheidung, der Ausstellung von 1947 einen »initiatorischen« Rahmen zu geben. Wir haben jedoch nichts anderes vor, als den Besucher, indem wir ihn mit einem Zyklus von Prüfungen konfrontieren, aufzufordern, seinen Geist frei schweifen zu lassen, die Beunruhigung wahrzunehmen, die sich im Lauf der Zeit in gewissen individuellen und kollektiven Verhaltensweisen und ihren Ausdrücken verdichtet hat. Ich zitiere dazu eine Bemerkung von Frazer. »Die Magie«, sagt er in *Der Goldene Zweig*, »hat dazu beigetragen, die Menschheit zu befreien, [...] und hat sie zu einem weiteren und freieren Blick auf die Welt erzogen. [...] Wir werden erkennen müssen, daß die Magie sowohl eine Tochter des Irrtums als auch die Mutter der Freiheit und der Wahrheit ist.«

Wie dem auch sei, wir können es den Spezialisten überlassen, anhand der zahlreichen Beweisstücke zu entscheiden, ob eine bestimmte Anzahl dichterischer Werke, und zwar jene, auf die sich die Aufmerksamkeit heute konzentriert, in engem Einvernehmen mit dem standen, was ihre Anhänger für die »erste *religiöse, moralische und politische* Doktrin der Menschheit« halten. Es wird die Aufgabe dieser Spezialisten sein, herauszufinden, ob Werke wie *Theorie der vier Bewegungen, Les Chimères, Die Gesänge des Maldoror, La Science de Dieu* von Brisset und *La Dragonne* von Jarry aus dieser Tradition geschöpft und zugleich eine neue Zone der Wahrnehmung, des Begreifens und des Handelns erschlossen haben. »Ich bin ein Anfang und ein Ende«, sagt Kafka. Man wird wohl noch lange über den mehr oder weniger metaphorischen Sinn streiten, der nach dem Willen Rimbauds in dem Ausdruck »Alchimie des Wortes« hinterlegt ist, und man wird sich immer wieder fragen, ob das leidenschaftliche Interesse, auf das innerhalb des Surrealismus selbst die »Wortspiele« Marcel Duchamps und Robert Desnos' stießen, sowie die »Entdeckung« des Gesamtwerkes von Jean-Paul Brisset und die Brisanz der letzten Arbeit Raymond Roussels: *Comment j'ai écrit certains de mes livres,* nicht mit dem Aufschwung zusammenhängen, den, wie wir heute sehen, die Aktivität der sogenannten »phonetischen Kabbala« auch durch diese Werke genommen hat. »Es ist traditionell kabbalistisch«, erinnert Ambelain, »zu versichern, daß in der ›Welt der Töne‹ zwei Wörter oder zwei Töne, deren Klänge benachbart sind (und nicht nur ihre Assonanzen), in der ›Welt der Bilder‹ unbestreitbare Entsprechungen aufweisen.«

Es ist hier nicht der Ort, zu erörtern oder gar zu klären, ob die Formel von der »Abwesenheit des Mythos« nicht ihrerseits einen Mythos, den Mythos von heute, signalisiert. Jedenfalls deutet vieles darauf hin, daß bestimmte poetische und bildnerische Werke eine Faszination ausstrahlen, welche in allen Belangen die eines Kunstwerks übertrifft. Ist es nicht frappierend zu beobachten, wie sich bei der Jugend die Zahl der Bewunderer solcher Werke ständig erhöht? Es scheint von diesen Werken ein neuer Imperativ auszugehen: zu sich selbst zu finden, ein Imperativ, der alles bislang Gewohnte in Frage stellt. »Er sprach, nach bestandener Probe, zu den Freunden der Offenbarung.« Es scheint, als trügen diese Werke in der Tat den Stempel der Offenbarung. Ihr inspirierender Charakter sowie die drängenden Zweifel und Erwartungen, deren Gegenstand sie sind, und der Widerstand, den sie den gängigen Wahrnehmungsformen entgegensetzen – nehmen wir nur Rimbauds *Dévotion* als Beispiel –, all das bekräftigt die Vermutung, daß hier ein Mythos im Spiele ist, den es zu definieren und dessen Zusammenhang es herzustellen gilt.

Im Rahmen dieser Ausstellung haben wir uns lediglich vorgenommen, eine erste Übersicht über das zu geben, was ein solcher Mythos sein könnte – eine Übersicht nach Art einer geistigen »Parade«.

Surrealistischer Komet

Die Beziehungen zwischen der Geschichte und der Kunst sind rätselhaft genug, um den Schluß zu erlauben, daß sich die großen Ursachen häufig mit lächerlich dürftigen Wirkungen begnügen müssen. Es kommt in diesem Bereich immer wieder vor, daß Berge kreißen und – eine Maus gebären. So führt beispielsweise der Versuch, herauszufinden, welches die Lieblingsthemen der modernen Malerei in Paris in der Zeit zwischen 1940 und 1944 gewesen sind, zu einigermaßen erstaunlichen Ergebnissen. Verläßt man sich auf das Album der *Cahiers d'Art,* das darüber Auskunft gibt, so macht man die Entdeckung, daß *ein* Gegenstand unter allen anderen den ersten Platz einnimmt, alle anderen unangefochten überragt und sich seiner Herrschaft derart sicher ist, daß er sich mit zahlreichen Familienmitgliedern umgibt. Dieser Gegenstand ist kein anderer als der Krug, ein Gerät, das zunehmend weniger im Gebrauch ist und dessen außergewöhnliche Bedeutung sich auf den ersten Blick nicht erklären läßt. Man fängt also an, dieses Gefäß mit einem Henkel (über das alles – und noch mehr – von Derain und den Kubisten gesagt ist) genauer zu betrachten. Mit welcher Bedeutung mag dieses Gerät schwanger gehen? Doch Scherz beiseite. Es gibt, zweifelsfrei, diesen *Krug-Komplex.* Mein Freund Meyer Shapiro, mit dem gemeinsam ich ihn in New York zu analysieren versuchte, erklärte ihn aus der Analogie der Konturen dieser Art irdener Kanne mit denen eines Menschen, der die Hand auf die Hüfte stützt. Seitdem habe ich mich an diese Interpretation gehalten. Die Hand auf der Hüfte: der Maler. Die Hände auf den Hüften: die Gemüsehändlerin. – Ich weiß, daß dieser Abschnitt unserer Geschichte eine ausdrucksvollere Mimik am hellichten Tage nicht zuließ. Aushalten und Abwarten wurden fast zwangsläufig zum Schicksal der minder Bewußten und minder Wachsamen, nicht unbedingt der weniger Sensiblen und weniger Gutwilligen.

Anderswo zersprangen die »menschlichen Töpfe« oder zerfielen ganz einfach zu Staub, in der schwarzen Nacht der Lager oder der grellfarbigen Nacht der Feuergefechte, der *gestirnten* Nacht in dem Sinne, in dem Van Gogh sie uns, alles auf eine Karte setzend, auf einem seiner herrlichsten Bilder aus Arles anschauen läßt ... Wie auch immer, diese Zeiten sind vorbei, und alles muß getan werden, um ihre Wiederkehr auszuschließen. Der Hauptfeind heute heißt Fatalismus (die Hand auf der Hüfte), und der Augenblick ist gekommen, zu sagen: *es reicht.*

Insbesondere gilt es, diese Haltung in den bildenden Künsten zu attackieren. Die Spekulation, der das zum Tauschobjekt zwischen Händlern und Multimillionären gewordene Werk einer Anzahl lebender Künstler ausgesetzt ist, ermutigt die Nachahmer, das, was ihnen der Schrift der Imagination abzuschauen gelang, zu Schleuderpreisen zu verhökern. Aus der Distanz betrachtet, macht die Kunst der letzten Jahre, so wie sie dem parteilichen Blick der meisten Galerien und Zeitschriften erscheint, den Eindruck, auf der Stelle zu treten.

Das Übel ist beträchtlich und bedarf einer Therapie an der Wurzel. Heute erzählt man uns bis zum Überdruß, daß der erste Käufer eines Cézanne ein Blinder war, daß van Gogh zu Lebzeiten nur eine einzige Leinwand verkaufen konnte, daß Seurat den Preis eines seiner Meisterwerke mit sieben Francs pro Arbeitstag berechnete (mit möglichem Nachlaß, je nach der Person des Interessenten), und daß ein fröhlicher Spaßvogel ein Porträt von Henri Rousseau für einen Franc als »Clou« seinem privaten »Museum des Schreckens« einverleibt hat. Auf derlei Berichte reagiert man heute mit Empörung, die freilich rasch in Selbstgefälligkeit übergeht, so als sei nun in den Verhältnissen zwischen dem Künstler und der Öffentlichkeit endgültig Gleichheit eingetreten. In Wirklichkeit besteht der Gegensatz fort, der Bestandteil der ökonomischen Struktur der gegenwärtigen Gesellschaft ist. Der Aufstieg einer intermediären Klasse, die auf Bilder und Skulpturen setzt wie andere auf Pferde und Briefmarken, kann diesen Gegensatz nur noch verschärfen, indem sie auf ihm eine *Zeichenumkehrung* einleitet. Als ich mich bei einer Ausstellung des Gesamtwerks von Henri Matisse, übrigens im Jahr 1931,

gegenüber einem der Veranstalter verwundert darüber zeigte, so viele unvollendete Figuren aus jüngster Zeit zu entdecken (Frauengesichter, auf einfache Ovale reduziert etc.), erklärte er mir ohne Umschweife, »mehr ausgearbeitete« Werke fänden, der von dieser Malerei bereits erzielten Preise wegen und angesichts der Sättigung der Museen und großen ausländischen Sammlungen mit dieser Malerei, keine Abnehmer mehr. An diesem Beispiel läßt sich ablesen, daß die künstlerische Freiheit heute von einem Zwang anderen (und gröberen) Zuschnitts bedroht ist als zu der Zeit, in der Picasso gezwungen war, zu seinem Lebensunterhalt Fächer zu bemalen. Die Presse verbreitet über Picasso nichts als scheinheilige Albernheiten; sie kann sich nicht genugtun an dem Gedanken, daß der »teuerste Maler der Welt« Mitglied der Kommunistischen Partei ist, während sie sich gleichzeitig hütet, in diesen »Widerspruch« einzudringen. Das ist der Vulkan, auf dem die zeitgenössische Kunst tanzt. Und ich rede hier immerhin von erstrangigen Werken, die Spekulanten nämlich haben keine Scheu, die Preise für minderwertige Werke schamlos zu forcieren oder gar blasse Nichtigkeiten – zum Beispiel von Utrillo – als bedeutende Artefakte feilzubieten.
Die gravierendste Folge dieser Situation besteht darin, daß die Beziehung zwischen Produktion und Konsumtion in der Kunst von Grund auf verfälscht ist. Von wenigen Ausnahmen abgesehen wird das Kunstwerk den Gleichgültigen und Zynikern zum simplen Vorwand der Kapitalinvestition. Von einem emanzipatorischen Wert verwandelt es sich in ein Unterdrückungsinstrument, indem es unverhohlen in den Dienst der Mehrung des Privateigentums gestellt wird. Man muß es bedauern, daß die großen zeitgenössischen Künstler – Marcel Duchamp und Francis Picabia ausgenommen – in diesem Punkt nicht mehr Zurückhaltung bewiesen haben.
Doch diese Situation hat noch eine weitere Folge: Sie hemmt die Entwicklung der Kunst selbst. Sie verbaut der Kreativität den Königsweg ins Experiment, ins individuelle Abenteuer. Bleisohlen bestimmen die Gangart, nicht die »Sohlen aus Wind«. Der Traum vom »Licht«, den ein Gauguin geträumt hat, zählt nichts mehr. Nicht das Weite lockt, sondern das Klischee, das der Markt

aufrichtet. Darin hat die falsche Fülle der künstlerischen Produktion heute ihre Ursache. Die meisten Maler wiederholen sich unermüdlich, bewegungslos und tief geduckt. Welcher Prozentsatz der Werke eines Einzelnen rechtfertigt sich aus der neuen Sehweise, aus dem Ereignis? Wenn Picasso sich in dieser Hinsicht länger als die anderen »gehalten« hat, so deshalb, weil ihm anscheinend eine Art *Dispens* gewährt worden ist, nachdem die Meinungsmacher ein für allemal entschieden hatten, daß er offiziell ein Monopol auf das Neue habe, und zwar in einer Weise, daß es in den Augen der Öffentlichkeit eng umgrenzt bleibt und die kritische Rationalisierung es im Griff behält. Auf dieses besondere Los, das Picasso um einer Sache willen, die nicht die seine ist, zudiktiert worden ist, gilt es zu achten. Er hat darauf mit einem Wurf geantwortet. Und dieser Wurf ist so gut gelungen, daß selbst die strengsten Vorschriften in der Kommunistischen Partei, die in Rußland bekanntlich zur Unterdrückung all dessen geführt haben, was nicht dem Reglement der *gelenkten akademischen Kunst* folgt, vor der Tür seines Ateliers in Stücke gehen. Andere Künstler konnten und können sich eine solche Toleranz und Privilegierung nicht ertrotzen.

Die Rechnung, die der Surrealismus auf dem Gebiet der bildenden Kunst wie auf anderen Gebieten aufgemacht hat, war zunächst eine gesellschaftliche. Es ging darum – und es geht immer noch darum –, die Verschwörung der konservativen Formen gegen das Unreglementierte zu vereiteln. Eine Geheimbrigade hat es darauf abgesehen, das, was gestern geschehen ist, auf Kosten dessen zu feiern, was heute geschieht, dem dürftigen Gewohnten Überlebensatteste auszustellen und das, was sich noch erprobt, dadurch herabzusetzen, daß ihm systematisch niedere Motive unterschoben werden. Zwanzig Jahre lang hat der Surrealismus diese – manchmal erbitterten – Attacken über sich ergehen lassen müssen, und die kleine Bastion, die wir zu wenigen errichtet haben, hält weiterhin stand. Wie immer man die eine oder die andere Konzeption einschätzen mag, die wir zum Beispiel in der Malerei vertreten haben, es ist wohl unstreitig, daß der Surrealismus den ersten Artikel seines Programms nicht verraten hat, der besagt, der bildnerische Ausdruck müsse sich immer wieder *neu erschaffen, um den menschlichen Wunsch in seiner Bewegtheit und als Bewegung vorzustellen.* Niemand kann, glaube ich, guten Gewissens behaupten und erst recht nicht überzeugende Beweise dafür beibringen, daß kommerzielle Erwägungen die Qualität des surrealistischen Projekts in der Kunst verdorben hätten. Wie kommt es, daß sich diese Botschaft ohne Aussicht auf Gewinn oder gesellschaftlichen Erfolg in fast allen Ländern verbreitet hat? Sie hat wohl in der Tat an den Quellen geschöpft.

Mit dem Surrealismus hat die Dichtung der bildenden Kunst zum ersten Mal dauerhaft Unterstützung gewährt. Obschon dies auch in der Vergangenheit in vereinzelten Fällen geschehen war – bei denen, die der Surrealismus aus eben diesem Grund hervorhebt: Uccello, Arcimboldi, Bosch, Baldung, Goya, Blake, Meryon, Redon, Rousseau –, so waren die poetischen und die bildnerischen Verfahrensweisen doch niemals zuvor auf diese Weise bewußt zusammengebracht worden. Es gibt hier ein *Zeichen der Zeit,* das zwar erst aus einigem Abstand gedeutet werden kann, das aber darauf hinweist, daß bei entsprechend eingesetzter Kraft der Anziehung und Kohäsion die fragmentarischen und zerstreuten Formen des kollektiven Wunsches auf einen einzigen Konvergenzpunkt zusteuern, und daß an ihrem Schnittpunkt ein neuer Mythos auf uns wartet.

Viele von denen, die zum ersten Mal vom Surrealismus hören, wollen wissen, aufgrund welcher Kriterien ein Werk der bildenden Kunst surrealistisch genannt wird oder nicht. Muß man wiederholen, daß diese Kriterien *nicht ästhetischer Art* sind? Sehr summarisch läßt sich sagen, daß das bildnerische Feld des Surrealismus vom »Realismus« einerseits und vom »Abstraktionismus« andererseits begrenzt wird. Nicht-surrealistisch, also regressiv in unserem heutigen Verstande ist jedes Werk, das *unmittelbar* an der Wirklichkeit partizipiert, auch wenn sie durch »Verzerrung« optisch unkenntlich gemacht worden ist: Das surrealistische Werk verbannt alles, was der *einfachen* Wahrnehmung entstammt, welche intellektuelle Spekulation ihr auch immer aufgepfropft sein mag, um ihre Erscheinungsform zu verändern. Nicht-surrealistisch ist ebenfalls und trotz seines antizipatorischen Anspruchs jedes nicht-figurative Werk, da es der Abdankung des Wunsches geschuldet ist und mit der vorausgegangenen physischen Wahrnehmung ebenso wie mit der vorausgegangenen geistigen Wahrnehmung bricht (die der Surrealismus, wobei er durchaus auf die letztere den Akzent setzt, miteinander versöhnen will). Natürlich sind diese Trennwände nicht so dicht, wie ich es hier in grober Vereinfachung skizziert habe. Der reine Abstraktionist Mondrian hat sich am Ende eines asketischen Lebens mit Gemälden wie *Boogie-Woogie* dem Surrealismus angenähert, und der verstockte Realist, der Picasso ist und bleibt, spricht die Sprache des Surrealismus, wenn er in seine Bilder seine Empfindungen und Erfahrungen einträgt.

Was das surrealistische Werk auszeichnet, ist vor allem der Geist, in dem es konzipiert worden ist. Handelt es sich um ein Werk der bildenden Kunst, so ist die Bedeutung, die wir ihm beimessen, entweder an die visionäre Kraft geknüpft, von der es zeugt, oder an den Eindruck organischen Lebens, den es in uns hinterläßt (ohne daß dieses Leben auf sinnliche oder begriffliche Weise auf den einen oder den anderen der Aspekte reduziert werden könnte, aus denen es besteht), oder an das Geheimnis einer neuen Symbolik, die es in sich trägt, etc. Dies wäre, um mich auf die Namen der bekanntesten surrealistischen Künstler zu beschränken, der Fall bei Max Ernst, Jean Arp und Joan Miro, beim frühen Chirico und bei Yves Tanguy. Im übrigen habe ich immer wieder den zentralen Rang jenes *Kunstmittels* hervorgehoben, das dem Surrealismus alle übrigen Mittel erschlossen hat: des *Automatismus.* Er ist »die einzige graphische Ausdrucksweise, die das Auge vollständig befriedigt, indem sie die *rhythmische Einheit* verwirklicht (die in der Zeichnung ebenso wirksam ist wie in der Melodie und der Struktur des Nestes).«[1]

Die Ausstellung von 1947, die auf die internationalen Ausstellungen des Surrealismus in Tokio (1933), Kopenhagen und Teneriffa (1935), London (1936), Paris (1938), Mexiko (1940) und New York (1942) folgt, soll die verschiedenen surrealistisch beeinflußten Werke miteinander konfrontieren, die im Laufe der letzten Jahre

---

[1] *Der Surrealismus und die Malerei.*

entstanden sind. Der ausgesprochen dramatische Charakter dieser Periode sowie der Umstand, daß die Regionen in unterschiedlichem Grade unter den Zeitläufen gelitten haben und daß zudem die intellektuellen Kontakte zeitweilig unterbrochen waren, begründen das Interesse, das sich an dieses Vorhaben heftet. Wir wollen herausfinden, ob der Surrealismus als geistige, von einer kleinen Zahl über die Welt verstreuter Individuen gewählte Disziplin der Katastrophe widerstanden und ob diese in ihm selbst Erschütterungen ausgelöst hat; ob sich im Innern des Surrealismus – von den am meisten bis zu den am wenigsten in Mitleidenschaft gezogenen Regionen – unterschiedliche Antworten auf das Zeitalter herausgebildet haben; schließlich, wie der Surrealismus insgesamt daraus hervorgegangen ist und in welchem Grade die turbulenten Ereignisse, die die Welt an der Wurzel getroffen haben, seine Einheit und seine Kraft berührt haben.
Es wird leidenschaftlich darüber gestritten, was die Menschen aus diesem Krieg und seinem zweideutigen Ausgang haben lernen können. Die einen meinen, daß die neuerdings eingesetzten physischen und moralischen Zerstörungsmittel nach einer Deutung der Wirklichkeit verlangen, die sich radikal von der überlieferten unterscheide; die anderen weigern sich, die Schlußfolgerung zu ziehen, daß die Entwicklung die konventionellen Ideen in Zweifel ziehe und eine Revolutionierung der Sitten erheische. Doch schon diese Situation und der in ihr virulente Dissens mußten uns fragen lassen, wie die Person, das Individuum gerettet werden könne. Es ist wie ein Fluch, daß diese hochherzige Frage heute mehr noch als gestern die denkenden Menschen – zu denen ich selbstverständlich nicht die Ausbeuter und die Parasiten rechne – entzweit, sie in zwei feindliche Lager spaltet, die paradoxerweise zu einem neuen, diesmal wahrhaft menschheitsvernichtenden Kampf gerüstet sind. Vor einigen Tagen hat Ignazio Silone seine Stimme über dem drohenden Getümmel erhoben, das jetzt noch vermeidbar erscheint: »Der Geist weht, wo er will. Es ist eine Anmaßung von Pfaffen, ihm bestimmte Wege zu weisen und andere zu verbieten. [...] Die größte Gefahr für die geistigen Werte besteht darin, daß man sie unauflösbar mit einer bestimmten Epoche, mit bestimmten ökonomischen und politi-

schen Formen verknüpft. [...] Wer sich nicht an der verachtenswerten ›Verdummungspropaganda‹ beteiligen will, darf niemals die Sache der Wahrheit mit der Sache einer Armee identifizieren. Sich heute zu einem Machtblock gegen einen anderen bekennen, heißt, politisch gesprochen, von vornherein vor der Drohung neuer Kriege kapitulieren, sie von vornherein rechtfertigen und ihre Entfesselung beschleunigen. [...] Die Chance liegt ausschließlich in dem aufrichtigen, gradlinigen, unmittelbaren Festhalten an der tragischen Realität, die die menschliche Existenz im Grunde ist.«[2]

Die internationale Ausstellung von 1947 hat ihre Aufgabe nicht auf diesen Willen zur Konfrontation beschränkt, auch nicht auf den Willen, Zeugnis abzulegen von der fürchterlichen Probe, auf die uns – auch im Rahmen des Surrealismus – die Zeit stellt. Der Einladungsbrief an die Teilnehmer drückte vielmehr den Wunsch und die Absicht aus, gegenüber den früheren Gesamtdarstellungen des Surrealismus eine *gewisse Überschreitung zu dokumentieren.* Diese Überschreitung ist in der Richtung eines neuen Mythos gesucht worden, der, wie gesagt, noch undeutlich ist, dessen Herausbildung aber von der zunehmend innigeren Allianz der poetischen und der bildnerischen Verfahrensweise eines Tages zu erwarten ist.

Ohne auch nur im geringsten diesem Prozeß vorzugreifen, haben wir uns entschlossen, beide Verfahrensweisen mit sämtlichen Möglichkeiten wechselseitiger Verbindung auszustatten, indem wir sie dazu anregen, miteinander zu verschmelzen und in einer einzigen Form zusammenzuwachsen. Die rein theoretische Idee eines *Kultes* mit dem, was sie an Träumereien, Empfindungen und Begeisterung aus der Kindheit heraufruft, bot sich uns hierbei als *Mittel* an. In diesem Punkt, glaube ich, kann man den Protesten und Beschimpfungen getrost entgegensehen, mit denen die *primären* Materialisten aufwarten werden. Wir wollen es uns auch nicht zu einfach machen, indem wir ihnen mit dem Hinweis begegnen, daß der heute um Marx entfesselte Kult zu den *fanatischsten* gehört, die es jemals gegeben hat, und daß

---

[2] Rede auf dem zwölften internationalen Kongreß des ›Pen Club‹.

dieser Kult, obschon er – was ich bereitwillig zugebe – seine Märtyrer besitzt, durchaus auch seinen roten Papst, seine besoldeten Priester und seine Messen hat – ich nehme ihre aufwendigen Zeremonien sehr wohl wahr, bei denen nur eine ganz kleine Gruppe die Messe liest und in deren Verlauf sich keine, auch nur geringfügig abweichende Stimme erheben darf, ohne die schlimmsten Sanktionen auf sich zu ziehen. Was die Surrealisten angeht, so haben sie sich jederzeit auf das *freie Denken* berufen. Indem sie ihre Untersuchungen bewußt auf bestimmte Strukturen konzentrieren, die auf eine ganz abstrakte Weise die rituelle Atmosphäre herzustellen vermögen, wollen sie sich um keinen Preis der Absurdität und der Lächerlichkeit schuldig machen, die mit dem Versuch verbunden wären, mit eigenen Händen einen neuen Mythos zu schaffen. Sie beschränken sich vielmehr darauf, einer bestimmten Zahl von Phänomenen oder Dingen mit Aura eine Gestalt zu geben, Phänomenen, die überwiegend aus der Imagination der Dichter und Künstler hervorgegangen sind und die vielleicht ihrer undeutlichen Umrisse wegen die Neugier reizen und eine wachsende Anziehung ausüben. Nichts von alledem überschreitet die Kompetenzen und Rechte, die wir uns einmal genommen haben und die uns, um nur ein Beispiel zu nennen, in die Lage versetzten, 1930 »Simulationen« verschiedener Geisteskrankheiten zu veröffentlichen. So wie dies offensichtlich nicht zur Voraussetzung hatte, daß wir selbst von diesen Krankheiten befallen waren – ja nicht einmal mehr als andere von ihnen bedroht –, so klar ist, daß wir uns angesichts der Wesen und Dinge, denen wir diesmal huldigen wollen, indem wir ihnen bestimmte *Anzeichen* des Außergewöhnlichen zuerkennen, nicht von der Haltung *aufgeklärten Zweifels* entfernen.

Dies gilt ebenso für das Ganze des »initiatorischen« Rahmens, den wir dieser Veranstaltung verliehen haben. Es wäre unverzeihlich, »Initiation« hier wörtlich zu nehmen; für uns hat das Wort einzig die Bedeutung eines *Hinweises.* Auf diesem Hinweis freilich bestehen wir, ja, wir geben uns die Blöße, zu einem Zeitpunkt auf ihm zu bestehen, da Dichtung und Kunst fast überall im Begriffe sind, sich einzureihen, *kurzfristige* Tagesforderungen zu illustrieren und darauf zu verzichten, das Labyrinth des Geistes auszumessen. Ich weiß, daß diese Erforschung im Dunkel vonstatten geht und daß sie nicht dagegen gefeit ist, in Fallen zu laufen. Doch scheint mir die überragende Ehre der *Dichter und Künstler* darin zu gründen, dieses Experiment zu wagen. Die »Initiation« durch die Dichtung, durch die Kunst – auf die wir, wie die letzten Untersuchungen über Hugo, Nerval, Rimbaud und andere belegen – mit guten Gründen die esoterischen Deutungskategorien anwenden können, ist es, der sich der Surrealismus verschrieben hat.

Die surrealistische Ausstellung 1947 vereinigt etwa hundert Teilnehmer aus vierundzwanzig Ländern, die gestern noch größtenteils gegeneinander verbündet waren. Nach soviel heimtückischen Versuchen, die Menschen daran zu hindern, einander zu verstehen – um so mehr, als sie nicht dieselbe Sprache sprechen –, sie mit irgendeinem Stigma zu zeichnen, das haßerfülltes Mißtrauen hervorruft, Neid erzeugt und die Blutrache verbreitet wie die Pest, ist es gut, denke ich, ist es heilsam und an der Zeit, daß Menschen, selbst in dem sehr kleinen Rahmen des Surrealismus, die die Chance haben, in der bildenden Kunst eine universelle Sprache zu sprechen, sich zusammentun, um vor aller Augen ihren Zusammenhang zu bezeugen. Im übrigen ist es wünschenswert, daß sie es nicht bei dieser platonischen Bekundung bewenden lassen, sondern daß sie sich dazu verpflichten, den *unteilbaren* Pakt miteinander zu schließen, der der surrealistische Pakt ist. Dieser Pakt, ich erinnere daran, ist von *dreifacher Art* (ich bin der Auffassung, daß der gegenwärtige Zustand der Welt eine Hierarchie unter den Imperativen, auf denen er beruht, nicht mehr zuläßt): mit allen Kräften zur gesellschaftlichen Befreiung der Menschen beitragen, ohne Aufschub an der *vollständigen* Entkrustung der Sitten arbeiten, die Verständigung wiederherstellen.

1947

Die Lampe in der Uhr

In der Tiefe jener pestilenzialischen Grotte, in der wir uns heute befinden, ist es nahezu unmöglich, Atem zu schöpfen. Diese Grotte bezeichnet nämlich den Übergang vom sogenannten »Konzentrationslager«-Universum, dem unvorstellbarsten Universum, zu einem durchaus möglichen Nicht-Universum, das heraufzuführen bereits ein endgültiges Werkzeugmodell fertiggestellt wird. Es ist ein geringer Trost und eine winzige Lehre, daß die Zivilisationen sich dabei als sterblich erkannt haben. Ein Lichtstrahl blieb übrig, er glitt vom Deckel eines Sarkophags zu einem irdenen Geschirr aus Peru und einem Täfelchen von der Osterinsel und hielt den Gedanken lebendig, daß der Geist, der diese Kulturen nacheinander beseelte, wenigstens in Spurenelementen dem Zerstörungsprozeß entgehe, der die materiellen Trümmer hinter uns anhäuft. Wir sehen zu, wie er im Laufe der Jahrhunderte sich immer mehr verdüstert. Aber die rätselvollen Ziele dieser Verdunkelung haben den menschlichen Scharfsinn nicht lähmen können. Darin steckt das Geheimnis mancher Größe. Es gilt, sich auf sich selbst zu besinnen und sich ohne Nachsicht über die neuen Bedingungen des Denkens zu befragen. Außer Zweifel steht, daß das Bewußtsein selbst angegriffen und in seiner Substanz bedroht ist. Es hat eine Masse aus Bewußtlosigkeit und Sorglosigkeit gegen sich, die die Gefahr erst in dem Augenblick erkennen läßt, da ihr nicht mehr vorgebeugt werden kann, und die in der Zwischenzeit Nutzen zieht aus dem, was sie – undeutlich – von der allgemeinen Krise der Verantwortlichkeit wahrnimmt. Das Bewußtsein hat zugleich – und das wiegt schwerer – das kompakte Getriebe aus gutgeschmierten Routinen gegen sich, das vielleicht auch dann noch die Leute in Bewegung hält, wenn nur noch eine Handvoll von ihnen auf der Erde übrig sind. (Wer hätte gedacht, daß die alten Parolen der *Parteien*, die von einem kurzsichtigen Opportunismus alsbald verfälscht worden sind, das vom Krieg zerwühlte geistige Terrain wiederbedekken könnten, während mit Gründen gehofft worden war, die Katastrophe ließe neue Gedanken entstehen und sich entfalten?) Jeder will, ohne Abstriche und mit Erbitterung, eine Position verteidigen, die, weil untauglich, unhaltbar geworden ist. Noch schlimmer, zwei ungeheure Menschenmassen, deren Beschädigungen von einer blinden oder blindwütigen Propaganda noch verstärkt werden, fordern sich gegenseitig heraus und sehnen doch im Grunde nur den Augenblick, an dem sie ihren Streit werden beilegen können, herbei, auf die Gefahr hin, ihr Wasser auf ein und dieselbe Mühle zu leiten – ein Wasser, das zufällig Öl, und eine Mühle, die ein Vulkan ist. Politisch-philosophisch bleiben Materialismus und Idealismus, deren Gegensatz, wie die jüngsten physikalischen Entdeckungen bewiesen haben sollten, ein rein formaler ist, als die zwei großen unversöhnlichen Weltdeutungen aufgepflanzt, weil ein paar private oder »nationale« Interessen gewahrt und die Einfältigen beruhigt werden müssen. Die Verwesung geht von dieser Begriffsleiche aus und verbreitet die Praxis des »Schwarzmarkts« im Feld der Ideen, und das ist milde ausgedrückt, denn so oder so spielt hier die Fälschung die Hauptrolle. Die Veränderung der Verhältnisse, die heute notwendiger und ungleich dringender ist als jemals zuvor, die aber der allgemeinen Bedrohung wegen neu durchdacht werden muß, wird als exklusives Erbteil von einer Partei eingefordert, die in einem hundertjährigen Dogmatismus erstarrt ist und deren ursprünglich überaus beherzigenswerten Ideale seit langem den unlauteren und entwürdigenden Mitteln zum Opfer gefallen sind, mit denen ihre *Kader* sie vermengt haben. Die institutionalisierte Unredlichkeit und Verleumdung, der als unanfechtbares Zeichen der Konsequenz ausgegebene Widerruf, die Fertigkeit, alles mit einem Geheimnis zu umgeben, was man für die eigenen Zwecke verwerten kann – eine Fertigkeit, die freilich nicht hinreicht, um von dem Geräusch der Ketten und den dumpfen Explosionen auf der Treppe abzulenken –, und schließlich das Zerreden des beständigen menschlichen Verlangens nach sinnvollem Austausch und Glück – wer glaubt denn noch, auf diesen finsteren Wegen könne man zum Großen Tag gelangen? In dem ganzen entsetzlichen physischen und moralischen Elend dieser Zeit wartet man, immer noch hoffnungsvoll, darauf, daß Energien, die sich der Gängelung entziehen, das Werk der Emanzipation des Menschen von Grund auf neu beginnen. Ich wäre der letzte, der leugnen wollte, daß eine das Schicksal der Menschheit entscheidende Partie unter solch ungleichen Bedingungen eröffnet worden ist. Es ist schmerzlich, und wenn nicht entmutigend, so doch zumindest entkräftend im physischen Sinn des Wortes, zu beobachten, wie die Geschichte mit derart *gezinkten* Würfeln entschieden wird. Zweifellos ist es ein Jammer, daß sich die proletarischen Massen in dieses Spiel einzeichnen, das Marxens suchender Blick nicht mehr belebt, und sich im Namen des ihnen *zustehenden* Aufstiegs demütigen, da sie sich mit verbundenen Augen von Priestern führen lassen, die es nicht einmal mehr für nötig erachten, ihnen zu erklären, wohin die Reise geht. Dies hier sollte die Freiheit sein: Man sagt uns, sie sei es, aber nichts kommt heraus. Schauen Sie mich an, den kleinen Romantiker, der annahm, zu seinen Lebzeiten – der Spaß geht wirklich zu weit – werde die Welt tatsächlich Welt werden: »Ihr, die ihr eintretet, laßt alle Hoffnungen fahren.«

Nichts läßt sich daran ändern, daß es soweit gekommen ist, und ich sage nach reiflicher Überlegung, daß es sich das nächste Mal nicht mehr lohnen wird. Die gelehrtesten Finten und die brillantesten Sophismen werden rasch an ihre Grenzen stoßen. Doch noch ist das letzte Wort nicht gesprochen. Die allgemeine Spötterei wird nicht ewig dauern. Die großen Probleme werden in einer neuen Sprache und wie zum ersten Mal gestellt werden. Man wird nicht mehr beim Anblick zerfetzter Kinder schaudern müssen. Und wenn das Publikum nur besser informiert ist, wird es sich nicht mehr bei der Ankündigung imitierter römischer Zirkus-Nummern begeistern, sondern bei Aufführungen ganz anderer Art, da man bekanntgibt, daß Tribünen und Arena diesmal ein- und dasselbe sind.

Man wird einwenden, daß die Dichter merkwürdige – wankelmütige? – Leute sind. Haben nicht unzählige Untersuchungen nachgewiesen, daß sie seit einem Jahrhundert der Versuchung der

Rede vom Untergang erlegen sind? Der alte Manichäismus und Sade bestimmten unbestreitbar die Haltung von Nerval, Borel, Baudelaire, Cros, Rimbaud, Lautréamont, Mallarmé, die wiederum unsere Haltung geprägt haben. Es ist nicht einmal der verrückteste unter ihnen, der gesagt hat: »Wenn ich mich zerstreuen will, male ich mir im stillen aus, [...] ob eine außerordentliche Menge von Steinen, Marmor, Statuen und Mauern, wenn sie mit Menschen zusammenprallen, mit Hirn, menschlichem Fleisch und Knochen besudelt sein wird ...«[1] Es stimmt. Und doch empfinde ich nicht die geringste Verlegenheit, wenn ich sage, daß wir von diesem Ende der Welt *nichts mehr wissen wollen.* Wir wollen nichts mehr von ihm wissen, seit wir die Schleier kennen, unter denen es sich zeigt und die es, wider Erwarten, völlig absurd erscheinen lassen. Wir verspüren Widerwillen gegenüber dieser universellen Ohnmacht, seit wir wissen, daß die bloße Entfremdung des Menschen zu ihrer *Ursache* werden kann. Ein solches Ende der Welt, ausgelöst durch ein Versagen, das, weil gravierender als das frühere, weniger entschuldbar ist, verliert für uns jede *Bedeutung*; es ist nur noch eine jämmerliche Karikatur. Wir brauchen uns nicht lange zu fragen, was hinter den Kurven von Professor Einstein heranreift oder unter der Haarbürste des seltsamen Genossen Stalin, nein, es geht wirklich nicht um dieses letzte Jagdgemälde. Dieses Ende der Welt ist nicht unsere Sache. Und solange es möglich ist, werden wir nichts unversucht lassen, um einen radikalen Umschwung einzuleiten und einen *Zeichenwechsel* vorzunehmen. Die Chance dieses Zeichenwechsels wird von einer authentischen Sensibilität eröffnet, an Beispielen fehlt es nicht, eben bei Baudelaire, Rimbaud und Lautréamont. Ich erwähne hier nur jenes große poetische Geheimnis, das dafür gesorgt hat, daß Sade während des Terrors auf Kosten seiner Freiheit und zum Verdruß seiner künftigen Exegeten sich gegen die Todesstrafe aussprach.

Es kann nicht darum gehen, das Erbe der »schwarzen« Kunst auszuschlagen und mit einer Handbewegung die »Verfluchung«

[1] Zitiert nach Georges Blin, *Le Sadisme de Baudelaire*, S. 53.

vom Tisch zu wischen, die von den größten Dichtern und Künstlern des vergangenen Jahrhunderts wie ein glühender Handschuh aufgegriffen wurde. Sie enthält Leidenschaft. Durch sie und die von ihr hervorgerufene Mißbilligung machen die Dichter und Künstler die absolute, *ihre* Wahl geltend zwischen Armut und Mißachtung, unter denen die Verfolgten und Ausgeplünderten leiden, einerseits und dem Wohlstand andererseits, an dem die »Glücklichen dieser Welt« die Dichter und Künstler unter Wahrung einer wachsamen Neutralität teilhaben lassen können. Lassen wir nicht außer acht, daß die Nähe zu den Verachteten und Ausgestoßenen eine Verwandtschaft andeutet und ein Bündnis besiegelt, die ganz andere Garantien der Unauflöslichkeit bieten als der Schwur auf eine Einstellung, die der Parole des »Sozialistischen Realismus« von gestern und der des »Antiformalismus« von heute gehorcht. Die ganze Frage besteht im übrigen darin, ob sich der Geist ungestraft der meisten seiner unbewußten Funktionen entledigen kann – deren Komplexität und deren von einem Individuum zum anderen variierendes Zusammenspiel das Leben und den Kampf überhaupt erst lohnen –, um sich in ein bloßes Werkzeug der Übermittlung zu verwandeln. Diesseits des »Eisernen Vorhangs« sind wir immerhin noch zu mehreren, um nein sagen zu können.

Der Lump von der Wache und der Küche[2] möge mir verzeihen, der Lump, der mir die Ehre erweist, meine Handlungen und Meinungen zunehmend genauer zu überwachen und die Provokationen auf meinen Wegen zu vervielfachen. Und ich füge hinzu, daß die Bedingungen, die nicht reglementierbaren Bedingungen des schöpferischen Denkens, die meine Freunde und ich verteidigen, von einer Konstante definiert werden, die durch das Auftreten von Marx allein noch nicht einer Variablen gewichen ist und die als nicht zu disziplinierende Kraft der Gefahr der Verleugnung trotzt. Nichts kann etwas daran ändern, daß die freie menschliche

---

[2] Insbesondere die sogenannten »revolutionären Surrealisten«, die nicht einmal merken, daß die Zusammenstellung der beiden Titel, mit denen sie sich schmücken, einen groben Pleonasmus darstellt.

Entdeckung, die vor Marx existiert und ihn überlebt hat, in der dunkelsten Ecke des Bildes den Bogen gespannt hält, der, wie der Mythos sagt, von Prometheus oder Luzifer in unsere Hände gelegt worden ist. Weder die vergangenen noch die künftigen Tyranneien werden daran etwas ändern. Und obschon wir in einer Periode krasser Ignoranz leben, in der auf dem Gebiet der Dichtung, der Kunst und – ich würde nicht einmal sagen: der Philosophie, sondern – des Denkens allgemein nur noch unmittelbar zugängliche, von der Mode korrumpierte und von Kommentaren entstellte Werke in Umlauf kommen, wird sich die Wiederherstellung der Person aus dem *Ganzen* speisen, das sie gemacht hat. Die Menschen werden wieder Geschmack daran gewinnen, sich selbst zu entwerfen, als Personen, die ihre selbstbestimmten Zwecke haben und die nicht wiederholbar sind. Die Eitelkeit ist anderswo.

Die Okkultisten hatten recht, wenn sie die phänomenale Allmacht des Feuers hervorhoben.[3] Wo kein Feuer ist, da ist auch keine Moral mehr (man sollte die halberloschene Glut, an der manche sich wärmen, nicht mit dem Feuer verwechseln). Selbst wenn man sich um die Wette bei dem Geschäft ablöst, Rimbaud »abzukühlen«, so brennt Rimbaud doch immer weiter. Gewiß war die Haltung des Dichters angesichts der deutschen Invasion 1870-71 wenig beispielhaft. Doch wie steht es mit den folgenden Sätzen und dem Unrecht, in das sich ihr Urheber gesetzt hat? »Die Franzosen brauchen Prügel. Siegen die Preußen, so die Zentralisation der state power nützlich der Zentralisation der deutschen Arbeiterklasse. Das deutsche Übergewicht würde ferner den Schwerpunkt der westeuropäischen Arbeiterbewegung von Frankreich nach Deutschland verlegen, und man hat bloß die Bewegung von 1866 bis jetzt in beiden Ländern zu vergleichen, um zu sehn, daß die deutsche Arbeiterklasse theoretisch und organisatorisch der französischen überlegen ist. Ihr Übergewicht auf dem Welttheater über die französische wäre zugleich das Übergewicht *unsrer* Theorie über die Proudhons etc.«

[3] Cf. Fulcanelli, *Les Demeures philosophales,* S. 22.

Wer hat diese für zeitgenössische Ohren ruchlosen Worte geschrieben, wer hat seine Fehlbarkeit zudem selbst eingestanden, indem er sich in seinen Voraussagen so schwach und unglücklich zeigte? Es war kein Dichter, sondern ein Mann, den man für solche Voraussagen verantwortlich machen muß. Wer ihn nicht erkennt, für den sage ich, daß es Marx ist.[4] Wer heute in seinem Namen von nationalem Widerstand sprechen will – reden wir erst gar nicht von Feuer –, der muß sich einen Eismantel überziehen.

Ohne Rücksicht auf Einschüchterungsversuche und Drohungen, woher immer sie kommen mögen, werden wir unsere Aufmerksamkeit mehr als jemals zuvor auf die großen vereinzelten Botschaften richten, die uns nach wie vor erreichen können, in ultrapositiver Voreingenommenheit werden wir jede freie Kommunikation aufnehmen, die uns einen neuen Ausweg anzuzeigen oder uns zu bestätigen vermag, daß dieser Ausweg am Ende einer wenn auch nicht aufgelassenen, so doch wenig befahrenen Straße zu finden ist. Genau dieser Vorsatz muß heute denen entgegengehalten werden, die sich, mit welcher Verspätung und mit welchen kraftlosen Ausdrücken immer, mühen, uns ein trügerisches »Fenster zur Zukunft« anzupreisen, an dem wir nur noch die Gitter erkennen. Wir halten selbstverständlich an der Offenlegung eines gemeinsamen sozialen Projekts fest, das die Zusammenfassung derer anstrebt, die sich, ohne sich von Haßparolen betäuben zu lassen, der unmittelbaren Gefahr bewußt sind, die die Menschheit bedroht, und die *jetzt* alles ins Werk setzen wollen, um sie zu bannen. Ich gebe hier meine unwiderrufliche Zugehörigkeit zur Bewegung *Front humain* bekannt – die von Robert Sarrazac geleitet wird –, einer Bewegung, die mir schon zu Anfang jede Garantie der Klarheit und der Strenge zu bieten scheint, die von einer solchen Organisation zu verlangen sind.
Ich will hier nur auf die Veröffentlichungen von *Front humain* hinweisen, deren Geist und deren Sprache ebenso untadelig wie jedermann zugänglich sind. Sie drücken den Wunsch aus, daß Gruppierungen mit ähnlicher Zielrichtung sich unter ihrer Lo-

[4] Brief vom 28. Juli 1870 an Engels.

sung zusammenschließen mögen, und daß diejenigen von uns, die bislang geglaubt haben, ihre Unabhängigkeit gegenüber solchen Organisationen wahren zu müssen, sich ihr nach gegenseitiger Unterrichtung anschließen mögen.[5]

An diesem 26. Februar 1948, an dem ein weiterer in Prag verübter Gewaltakt die Chancen noch mehr zu verringern scheint, daß eine verzweifelte Lösung der Krise vermieden werden kann, an dem man jenseits aller Gedanken an Schuld laut anerkennen muß, daß der Wald von Birnam unaufhaltsam auf das Schloß von Dunsinane vorrückt, bin ich dabei, einen Brief meines Freundes Henry Miller wiederzulesen. Man möge mir diese Abschweifung nachsehen. Er hatte mir vor einigen Tagen geschrieben, nachdem ich ihm beiläufig mitgeteilt hatte, was über ihn als zweifellos freien Mann bei uns in den am wenigsten »heiklen« Zeitungen geschrieben wird: »Miller in den USA verboten? Natürlich! Er ist für den Konsum im Ausland bestimmt. Wie die Atombombe.«[6] Nebenbei berichtete ich ihm von Henri Matisse, den ich in Vence besucht hatte. Mir liegt daran, Millers Antwort zu zitieren, die zwei bedeutsame Aspekte des heutigen Dramas erhellt:
»Was diesen Schlag angeht, so ›stecke‹ ich ihn mit vielen anderen dieser Art ein. Darüber braucht man nicht zu streiten. Selbst wenn Sie ihnen Ihre Seele ausliefern, zeigen sich diese Leute unerschütterlich. Es sind Blinde, die Blinde anführen, heute wie früher. [...] Wenn Sie von Matisse sprechen, denke ich an eine andere Menschenrasse. Bei uns sind die Alten oft die jüngsten, die lustigsten, die ausgeglichensten. Sie setzen ihre Arbeit fort – pfeifen sozusagen dabei. Matisse gehört zu einer anderen Zeit, in der man, wenn ich das richtig ausdrücke, das Heil in der Arbeit fand, und man gab den anderen durch diese Arbeit das Heil –

---

[5] Auskünfte erteilt *Front humain*, 46 rue Lepic, Paris (XVIII).

[6] Von Maurice Nadeau gerügter Artikel: »Politique et culture« (*Combat*, 22./23. Februar 1948). – Vierzehn Tage vorher wurden Péret und ich am selben Ort als »Eunuchen« bezeichnet, und zwar von demselben Kanapa, dessen Name dazu reizt, seine Gaunersprache zu übernehmen: Kikana? Kikanapa? (Von Armand Robin in *Le Libertaire* vom 29. Januar 1948 gerügter Artikel.)

Arbeiten im Sinne von Leben in der (oder mit) der Schönheit. Aber Arbeit soll es nicht heißen, nicht wahr? Im Englischen sagt man: ›a labour of love‹. Die Liebe – ich glaube, Rimbaud hat das Gültige dazu gesagt.«

Was die »großen vereinzelten Botschaften« mit ganz neuem Klang angeht, zu deren leidenschaftlicher Prüfung in einer so finsteren Zeit ich auffordere, so muß man zugeben, daß wir seit dem letzten Krieg mit ihnen nicht verwöhnt wurden. Dennoch muß solchen Botschaften die größte Bedeutung zugemessen werden, als *Indiz*. Im übrigen gilt dieses Indiz für beide Richtungen. Auf der einen Seite drückt es die Auswechselbarkeit einer bestimmten Menge von Zeichen aus, wobei wir in diesem Augenblick nur zu deutlich die unglückselige Vorherrschaft des einen über jenes andere erkennen, das die Dauerhaftigkeit und *Wiederaufnahme* des Lebens bezeichnet. Dieser Vorgang ist vielleicht nicht in klaren Begriffen zu beschreiben. Sein Geheimnis ruht, tief vergraben, in solchen Dokumenten wie der von Fulcanelli ans Licht gebrachten Reihe von Inschriften, die das »wunderbare Zauberbuch des Schlosses von Dampierre« bilden.[7] Auf der anderen Seite hat das Indiz die Eigenschaft, in einer Kette weit nach rückwärts eine Folge von Schritten zu beleuchten, als deren Zielpunkt es angesehen werden kann. Diese Schritte, ob nun zufällig auf sie Anspruch erhoben wird oder nicht, werden auf diese Weise sichtbar und zugänglich gemacht und durch einen Eingriff untereinander verbunden, der den Blick näher an sie heranführt, während andere, bis dahin für wichtiger erachtete Verfahren mehr oder weniger endgültig in der Versenkung verschwunden sind. Der Surrealismus zum Beispiel sah sich in die Lage versetzt, sich als Endpunkt einer vielfach gewundenen, ansteigenden Linie zu definieren, bei deren Verfolgung die Kritik außer Atem gerät und ungeduldig wird, während die Sensibilität der Jugend sie von einem Ende zum anderen in sich aufnimmt, obwohl er zu einem erheblichen Teil für die Geringschätzung verantwortlich ist, die die selbe Jugend einem bestimmten En-

[7] Fulcanelli, op. cit., S. 184–293.

semble von Werken entgegenbringt, die wie jene des französischen 17. Jahrhunderts einmal »tabu« waren (ausgenommen das Werk von Retz, Bergerac, Pascal). Soll sich in den konservativen Gruppen erregen, wer mag, inmitten so vieler Trümmer sollte es heute wie gestern einzig darauf ankommen, sich toter Bürden zu entledigen, um die *freie Stimme* wiederzugewinnen. Es ist notwendig und von höchster Dringlichkeit, ins Weite zu gehen, *weiterzugehen.*

Durch das Periskop dieser Zeit blickend, dessen Linsen wir ständig abwischen müssen, habe ich für mein Teil nur eine einzige Botschaft von der Art, die ich verlange, auftauchen und sich real, nämlich die gewünschten Erweiterungen versprechend, durchsetzen sehen. Sie steckt in einem Band mit dem Titel *Sens plastique II*, dessen Autor, der aus Mauritius stammende und dort lebende Malcolm de Chazal, in Paris einen eher vertraulichen Pressedienst unterhalten hat. Doch es genügte, um die zu erreichen, die erreicht werden sollten, die Botschaft gelangte an die erste Stelle der Aktualität (ich spreche von authentischer geistiger Aktualität und nicht von dem, was man dafür ausgibt). Aimé Patri und Jean Paulhan sind die ersten gewesen, die diese Botschaft in Besitz genommen und gebührend verbreitet haben.[8] Wir durften dabei erleben, wie zwei sehr verschiedenartige, aber offene Geister bei dieser Gelegenheit ihre treffenden, sich genau ergänzenden Reaktionen zusammenspannten. Die Hauptsache, die *auf der Schwelle* des Buches nach Freilegung verlangte, scheint mir von ihnen freigelegt worden zu sein.[9] Einmal wenigstens ist das Zeremoniell der Rezeption eines großen Werkes, was Maß und Haltung angeht, das gewesen, was es sein sollte, und es ist buchstäblich tröstend, wenn man – am Vorabend des Tages, an dem die Verbreitung dieses Werkes eingeleitet wird – in einer Wochenzeitung die Photographie seines Verfassers neben der einer »offiziellen Persönlichkeit« entdeckt, die hier nur die Funktion

---

[8] Bibliographie siehe *Critique* Nr. 20, S. 3.

[9] Insbesondere die Prägung durch Okkultismus und die grundlegende Heterodoxie auf religiösem Gebiet.

der Kontrastierung haben kann.[10] Jenseits des ersten Zugangs, den man zu diesem Werk finden kann und der von seiner Struktur her bewußt abrupt ist, fordert Malcolm de Chazal zu einem rückhaltlosen Eindringen in seine Gedankenwelt auf, was eine gründliche Reflexion seiner Thesen einschließt und folglich einiges Ausholen verlangt. In diesem Punkt muß sein Wille respektiert werden. Ich werde mich hier auf ein paar vorläufige Bemerkungen beschränken.

Zuallererst werde ich vor der Insel Mauritius einen Vorhang aus hohen Gräsern entfernen, die mich am Vormarsch hindern könnten. Alles in seinen Schriften deutet darauf hin, daß Malcolm de Chazal gegenwärtig eine besondere geistige Etappe durchmißt, die eine überraschende Analogie zu jener Etappe aufweist, die von Raymond Roussel mit Hilfe der klinischen Beobachtungen Doktor Janets rückblickend für ihn selbst nachgezeichnet worden ist.[11] Man erinnert sich vielleicht, es geht dabei um so etwas wie eine zwischen Angst und Ekstase geschlagene Brücke, auf der der Passant die Fähigkeit verliert, sich nach menschlichen Maßstäben wahrzunehmen und sich Empfindungen wie bei einem Adlerflug über den Gipfeln zuschreibt. Beim gegenwärtigen Zustand der menschlichen Beziehungen (die primitiven Völker dagegen schätzen derlei Veranlagungen) erschlafft rasch das Band der *Intelligenz*, das solche Menschen mit ihrer Umgebung verknüpfen kann. Nach Maßgabe der Disziplinen, die sein Verfahren zur Voraussetzung hat, bin ich überzeugt, daß Malcolm de Chazal hier einem einmaligen Rausch des Prognostizierens erliegt, der denkbar weit von jenem entfernt ist, zu dem Nietzsche mit *Ecce Homo* gelangt ist.
Angesichts eines solchen Werkes, das in seiner Zeit vollkommen originell und beispiellos gelungen wirkt, liegt die Frage nahe, welcher Vektor es zu einem der wenigen sichtbaren Punkte der Zukunft führte und was die Resultante dieses Vektors ist, anders

[10] Siehe *Le Figaro Littéraire*, 21. Februar 1948.
[11] Siehe Roussel in *Anthologie des Schwarzen Humors*.

gesagt, welche Kraft in ihm steckt, um die Undurchdringlichkeit der Zukunft aufzubrechen.

Was die erste Frage angeht, so zögere ich nicht, für mich zu antworten, daß der Schlüssel zu einem derartigen Werk – ein Schlüssel, den Malcolm de Chazal übrigens im Schloß hat stecken lassen – in der *Wollust* besteht, und zwar im genauen Sinn des Wortes, gedacht als Ort der Auflösung des Körperlichen und des Geistigen. Es ist erstaunlich, daß man bis zur Mitte des 20. Jahrhunderts warten muß, bis die Wollust als ein Phänomen, das einen einzigartigen Platz in der Konditionierung des Lebendigen einnimmt, das Mittel findet, über sich selbst zu sprechen, ohne sich um die Schleier zu kümmern, mit denen die Heuchelei sie wie mit einem herausfordernd anzüglichen Aufputz verhüllt, unter dem sie sich wieder entziehen kann. Die freiesten Schriftsteller des französischen 18. Jahrhunderts, die bereit waren, das Joch abzuschütteln (Laclos, Sade), glaubten, während sie von der Wollust handelten, jeder Analyse enthoben zu sein. Man kennt die traurige Reihe von billigen Veröffentlichungen zu diesem Thema, die jenen ersten Extrapolationen des *Verlangens* gefolgt sind und die die Chancen vertan haben, unentdeckte Aspekte der Wirklichkeit unter diesem einzigartigen Blickwinkel zu erfassen. Vielleicht bedurfte es, um diesen Punkt zu erreichen, eines unvergleichlich kühlen Kopfes, den wir, nach seinen Porträts zu urteilen, Malcolm de Chazal gern zugestehen. Es bleibt unbestritten, daß Jarry (im *Supermann*) und Duchamp (in *La Mariée mise à nu*) nicht dahin gelangt sind, erst recht nicht Georges Bataille, der bekanntlich ganz davon in Anspruch genommen ist, die Sphäre zu beschreiben, die einer hyperbolischen Liebe ohne Gefühl und der religiösen Ekstase gemeinsam ist.

Hier nun ist die zentrale Einsicht Malcolm de Chazals von höchster Bedeutung, und ich wundere mich, daß man sie nicht besonders hervorgehoben hat, um so mehr, als etwa sechzig der schönsten Aphorismen aus *Sens plastique II* sie bekräftigen und illustrieren. Es erscheint mir unerläßlich, ausführlich daraus zu zitieren: »Jede Introspektion im Bereich der Sinne ist vergeblich und unvollständig, wenn uns die beiden großen sinnlichen Phänomene des Daseins, die Geburt und der Tod, nicht an einem bestimmten Punkt ihre Geheimnisse offenbaren. [...] Und dennoch existiert ein Mittel, diese beiden wesentlichen Erscheinungen des Lebens zu ›erklären‹, und zwar dank einem Erfahrungsfeld, das jedem zugänglich ist: der Wollust – dieser Tod-Geburt in einem, die man bis heute entweder intellektualisiert hat, indem man Pornographie aus ihr machte, oder fatal sentimentalisiert hat. Da die Wollust der universelle Kreuzungspunkt der Sinne, des Geistes, des Herzens und der Seele ist, ein Ort, an dem Tod und Geburt sich auf halbem Wege treffen, der Mensch in sich selbst neu seine Karten abhebt, ist sie eine eminente Erkenntnisquelle [...].

Wenn ich [...] dieses Super-Laboratorium der Sinne betrete, versuche ich, diese zusammengesetzte Empfindung zu entwirren, um die Beziehungen zwischen der Wollust und der symbolischen Sprache der Natur zu entdecken. Ich versuche, die Ränder des Geistes sprechen zu lassen, um den Tod zu ›dechiffrieren‹, da Tod und Geburt eine einzige, das eine durch das andere vertauschende Erfahrung sind.«

Es gibt hier eine neue Einsicht, auch wenn sie zwangsläufig den Sarkasmus derer auf sich zieht, die darin nichts anderes als die naive Ausschlachtung eines veralteten Themas sehen wollen – dessen Sinn ihnen freilich entgeht –, das die Beziehungen zwischen Liebe und Tod berührt und das ein schöner Titel von Barrès definitiv ins Gedächtnis eingeprägt hat. Es gibt hier die Proklamation einer revolutionären Wahrheit, und ich verdeutliche für diejenigen, denen der Sinn dieses Wortes nichts mehr sagt oder denen daran liegt, ihn zu pervertieren, daß es hier die Proklamation einer Wahrheit gibt, *die gleichzeitig Bruch und Überschreitung ist.* Es gibt hier einen leidenschaftlichen Rückgriff, einen Rückgriff in letzter Minute auf das, was die Unantastbarkeit des Lebens begründen kann.

Malcolm de Chazals Stimme – und wenn sich eine solche Stimme in Zeiten des Unglücks erhebt, ist sie stets ein *Orakel* – begnügt sich nicht damit, der Intelligenz zuzurufen: Es brennt! – wie seinerzeit die Stimme Fouriers –, sie zwingt die Intelligenz auch zur Rückbesinnung auf sich selbst. Wenn es nach mir ginge, müßten alle Schulbücher und Anthologien die Passage aus *Sens plastique*

II abdrucken, die von der folgenden apodiktischen Erklärung eingeleitet wird: »Das Leben ist eine einzige Verdummung, von der Geburt bis zum Tod«, und die sich zu dem Appell aufschwingt: »Rufen wir, wie eine Sturmglocke, den Belagerten zu: ›Aber wehrt euch doch, wehrt euch doch!‹«[12] Aufgepaßt, dieser Ton wird das Ohr und die Zustimmung der Jugend finden, die spürt, daß man für sie spricht – er hat bereits gesprochen. Seit Lautréamont hat man etwas vergleichbar Resolutes nicht mehr vernommen.

Der bilderstürmerische Charakter dieser Seiten sollte uns nicht glauben machen, daß die Auffassung de Chazals ohne Vorläufer in der Geschichte des Denkens sei. In diesem Betracht darf uns sein, wiewohl aufrichtig gemeintes, Leugnen nicht mehr beeindrucken als das täuscherische Leugnen Apollinaires, der behauptete, mit Ausnahme von *Ubu roi* nichts von Jarrys Werk zu kennen, um sich sodann überaus leichtfüßig auf das *Magasin des Enfants* und *La Chute d'un Ange* zu berufen. Ich sage noch einmal, die Besonderheit solcher Werke wie *Sens plastique II* besteht nicht nur darin, daß eine neue Wahrheit vorgebracht wird, ausgestattet mit der ganzen Anziehungskraft, über die das Genie verfügt, sondern auch darin, daß in *vollendeter Gestalt* eine einmalige Antwort auf das Spektakel dieser Welt geltend gemacht wird. Es ist spannend und in hohem Maße bezeichnend, daß Malcolm de Chazal eine Unruhe und Wendung des Geistes verkörpert und signalisiert, die sich im Lauf der letzten Jahre mehr und mehr bemerkbar gemacht und ihre Ansprüche angemeldet hat. Eine bestimmte Reihe unterdrückter Werke *kehren wieder* und ergreifen mit Hilfe seiner Stimme, ob er es weiß oder nicht, das Wort. Man hat kürzlich darauf aufmerksam gemacht, daß das Werk, das in diesem Chor alle anderen übertönt, das Werk Swedenborgs ist, das Balzac und Baudelaire noch haben aufnehmen können, das aber selbstverständlich nicht mehr zu Valéry gelangte – ein Band Voltaire lag aufgeschlagen auf seinem Totenbett. Auf den Stufenbänken des Geistes freilich ist nichts daran zu ändern, daß diese Stimme eine Folge von *Antwortgesängen*

---

[12] Seite 520-522 der Originalausgabe.

nach sich zieht, in denen sie selbst untergeht. Es geht hier nicht um die maßlosen Anstrengungen, die unternommen wurden, um herauszubekommen, worin das »Wesen des Lebens« besteht. Nein, die »großen Männer«, die ihr uns anbietet, sind bis auf ein paar Ausnahmen nicht unsere Männer. Ihr Schatten bedeckt nur einen winzigen Teil der Erde, die wir *anerkennen*. Gebt uns Auskunft, was ihr inzwischen aus der Befragung des Menschen gemacht habt. Wie kommt es, daß ihr uns Bilderbögen offeriert, die die belanglose Geschichte eurer Könige und, in noch fahleren Farben, die Trübsal eurer Unglücks-Sorbonne nachzeichnen? Genug der Elementargeschichte, was habt ihr vor uns zu verstekken? Die Gnostik, schlecht verstanden, damit ist man auch heute noch schnell bei der Hand. Gehen wir nicht einmal so weit, ihr habt beschlossen, uns für das Schicksal André Cheniers zu erwärmen: Wir sind dafür nicht empfänglich. Was uns an derselben Epoche interessiert, ist, zu erfahren, woher Martinez de Pasqually kam und wohin er ging. Zwar hören wir, was über Renan zu sagen ist, aber warum schweigt ihr zu Saint-Yves d'Alveydre? Schluß mit den Lappalien. Es ist allerhöchste Zeit, den Menschen ein höheres, geschärftes Bewußtsein ihres Schicksals zu ermöglichen. Die großen Dichter, die oft in für sie selbst undurchschauter Verbindung mit den (im weitesten Sinn des Worts) *unbekannten Vorläufern* standen, wobei ich mich hier darauf beschränkt habe, einige wenige Namen zu nennen, haben es seit hundert Jahren immer wieder verkündet. Das *Wörterbuch der Gemeinplätze*, das Flaubert nur hatte beginnen können, würde erheblich gewinnen, wenn es von jemandem wie Raymond Queneau fortgesetzt würde, von jenem Queneau, der uns das *Wörterbuch* heute zur Kenntnis bringt. Bevor man für seine größere Verbreitung sorgt, sollte man erwägen, ihm als Anhang einen Auszug aus den *Mœurs des Diurnales* anzufügen, ebenfalls auf den neuesten Stand gebracht. Dies wäre ein Buch, für das der schönste Einband nicht gut genug wäre, zum Beispiel mit Schuhabsätzen bepflastert.

Antibes, Februar 1948

Die Kunst der Verrückten, die Befreiung

In jenem wahrhaften Manifest des Art brut, das die Notiz vom Oktober 1948 darstellt, besteht unser Freund Jean Dubuffet zu Recht auf dem Interesse und der besonderen Sympathie, die wir Werken entgegenbringen, deren »Urheber Leute sind, die als Geisteskranke angesehen werden und in psychiatrischen Anstalten eingesperrt sind«. Ich teile Dubuffets Argumentation: »Die Gründe, weshalb ein Mensch als ungeeignet für das gesellschaftliche Leben gilt, scheinen uns zu einer Ordnung zu gehören, die wir hier nicht zu bewahren haben.« Ich erkläre mich nicht weniger rückhaltlos einverstanden mit Lo Duca, Autor eines bemerkenswerten Aufsatzes mit dem Titel »Die Kunst und die Verrückten«, aus dem ich lediglich ein paar Fragmente zitieren möchte: »In einer Welt, die von Größenwahn und Stolz, von Phantasterei und Unaufrichtigkeit erdrückt wird, ist der Begriff ›Wahnsinn‹ reichlich vage. Im übrigen hat man festgestellt, daß nur ein geringer Prozentsatz der Größenwahnsinnigen von den Psychiatern behandelt wird. Sobald der Wahnsinn allgemein wird – oder sich durch Vermittlung der Allgemeinheit artikuliert –, wird er tabu [...]. Für uns äußert sich der authentische Wahnsinnige in bewundernswerten Ausdrücken, wobei er niemals durch ›vernünftige‹ Absichten eingeengt oder gelähmt wird. Hier gibt es die Lichtspur absoluter Freiheit. Und diese absolute Freiheit verleiht der Kunst eine Größe, die wir nur bei den Primitiven wiederfinden [...]. Man hat das Publikum überreden wollen, ein Kunstwerk erst zu *schmecken*, bevor es *verstanden* wird. Eines Tages wird man versuchen, es an der Bedeutung seines ›Verstehens‹ zweifeln zu lassen: Man muß ihm nur einreden, daß wir nicht einmal der Zeit und des Raumes gewiß seien [...]. Das Publikum weiß nichts von der Schönheit, die es nach wie vor mit dem Hübschen, dem Reizenden, dem Angenehmen verwechselt. Es weiß nichts von der Rolle der Intensität, des Rhythmus, des

Maßes. Die Kunst der Verrückten wird ihm den Zweifel einflößen, einen wohltuenden Zweifel, der ihm den Weg einer anderen und heitereren Intelligenz weisen wird.« Ich habe aus diesem Text deshalb so ausführlich zitiert, weil er uns erkennen läßt, daß die Idee einer aufsehenerregenden Wiedergutmachung in der Luft liegt. Und wir werden keine Ruhe geben, bis das blinde und unerträgliche Vorurteil aufgehoben ist, dem so lange Zeit hindurch die in den Anstalten produzierten Kunstwerke zum Opfer gefallen sind, und bis diese Werke nicht vom Schein der Leere befreit sind, der um sie erzeugt wird.

Es fällt auf, daß sich im Kreis der Psychiatrie, sobald es um die Einordnung solcher Werke geht, seit einem halben Jahrhundert wachsende Verlegenheit ausgebreitet hat – das heißt in einem Kreis, in dem diese Werke immerhin in ihrer »klinischen Bedeutung« eingeschätzt werden. Schon in seiner 1905 veröffentlichten Studie *Die Kunst bei den Verrückten (L'art chez les fous)* hat Marcel Réja dagegen Einspruch erhoben, aus ihrer »krankhaften Eigenschaft« zwingend herleiten zu wollen, sie seien »etwas, das sich nicht fassen läßt«. Hans Prinzhorn[1] hat solchen Werken – namentlich von August Neter, Hermann Beil, Joseph Sell und Wölfli – zum ersten Mal eine ihnen würdige Präsentation ermöglicht und so ihren Vergleich mit den anderen zeitgenössischen Werken der Malerei herausgefordert, einen Vergleich, der in vielfacher Hinsicht zu Ungunsten der letzteren ausfällt. Jacques Lacan, der die literarischen Produktionen seiner Patientin Aimée untersucht hat, bekundete für sie die lebhafteste Wertschätzung.[2] Gaston Ferdière, der kürzlich auf dem psychiatrischen Kongreß in Amsterdam sprach, stellte seine Rede unter zwei Mottos, das erste stammt von Edgar Allan Poe: »Die Leute haben mich verrückt genannt, aber die Wissenschaft hat noch nicht entschieden, ob der Wahnsinn die höchste Intelligenz ist oder nicht«, das zweite von Chesterton: »Jede Gedankenverkettung kann zur Ekstase führen; alle Wege führen zum Königreich der Feen.« Wenn der wohltuende Zweifel, von dem Lo Duca sprach, auch noch

[1] *Bildnerei des Geisteskranken*, 1922.
[2] *De la Psychose paranoïaque dans ses rapports avec la personnalité*, 1932.

nicht die Öffentlichkeit erobert hat, so setzt er sich doch, wie man sieht, bei den Spezialisten des Wahnsinns mehr und mehr durch.

Man wird nur dann die Distanzierung und die festverankerte vorgefaßte Meinung der Öffentlichkeit wirksam bekämpfen können, wenn man zu ihren Ursprüngen zurückkehrt und nachweist, wessen Produkte sie sind. Ich mache das Christentum und den Rationalismus gemeinsam für die Einführung und Stabilisierung dieses massiven Vorurteils haftbar, das sich bis zum heutigen Tage auch in unserer Kunstkritik fortfrißt, die, wie man beobachten kann, sich gegen alles wehrt, was nicht auf ausgefahrenen Wegen daherkommt.

Man weiß, daß die primitiven Völker den Ausdruck psychischer Anomalie verehrt haben und noch verehren, und daß sich die hochzivilisierten Völker der Antike in diesem Punkt nicht von ihnen unterschieden, so wenig wie die Araber heute. Wie Réja bemerkt, führten »die Alten, die nicht einmal die Existenz von Geisteskrankheiten ahnten, den Ursprung psychischer Störungen auf göttliche Eingriffe zurück, so wie sie auch die Genialität darauf zurückführten [...]. Im Mittelalter ist das Delirium nicht mehr Ausfluß der Gnade, sondern der Strafe Gottes. Aber es geht freilich von ihm aus (durch Vermittlung des Teufels)«. Diese letzte, von den Prozessen gegen die »Besessenheit« und den Exorzismus unseligen Angedenkens kräftig wiederbelebte Vorstellung ist es, die sich als dauerhaftes Ärgernis erwiesen hat und bis heute der Revision harrt. Ein seichter Rationalismus hat sich diesem Vorurteil verbündet. Es ist ja keineswegs das erste Mal, daß wir erleben, wie sich die beiden offenbar entgegengesetzten Denkweisen zusammenschließen, um eine eklatante Ungerechtigkeit zu verewigen. Der – übrigens ziemlich unergiebige – »gesunde Menschenverstand«, der trotzig auf die schmalen Gewißheiten pocht, die er dem Alltag eingepflanzt hat, reagiert auf das Ungewohnte allemal mit Ignoranz oder mit Gewalt. Und er verfährt dabei um so despotischer, als seine Macht auf schwankenden Grundlagen ruht – den geringsten Verstoß gegen seine »Gewißheiten« ahndet er mit brutaler Härte. Er mißtraut dem Anderen, Fremden, Außergewöhnlichen und wacht mit Hilfe ei-

gens dazu bestallter Hüter über die Instandhaltung der Ordnung und des Korridors, der das Genie mit dem Wahnsinn verbindet, während er gleichzeitig keine Gelegenheit versäumt, uns zu versichern, daß die Künstler auf seine Duldung zählen könnten.
Es wäre Sache der Kunstkritik gewesen, angesichts von Werken der Art, wie Prinzhorn sie bekanntgemacht hat, Stellung zu nehmen, will sagen, diese Werke mit denen zu konfrontieren, mit denen sie sich gewöhnlich beschäftigt, und sie unvoreingenommen zu prüfen. Das aber hätte vorausgesetzt, daß sie sich innere Unabhängigkeit bewahrt hätte, und daß ihre Kriterien minder ärmlich und unbeweglich wären, als sie es sind. Der betäubende Weihrauch, mit dem sie, wie es zu ihrer Rolle zu gehören scheint, einige Künstler umhüllt, und die sehr massive, zur Verunglimpfung entschlossene Voreingenommenheit, mit der sie bestimmte Kunstentwicklungen »plaziert«, befähigen sie wohl kaum dazu, neue Werte zu entdecken, noch sich an abenteuerlichen Erkundungen zu beteiligen. So zieht sie es denn vor, in aller Ruhe den Mächtigen des Tages die Reverenz zu erweisen, immer wieder dieselben Phrasen zu dreschen und blindlings herabzusetzen, was von dem kleinen Nenner abweicht, auf den man sich verpflichtet hat: Nicht nur den Individuen, die dem geheiligten Schema widerstehen, soll ein Riegel vorgeschoben werden, sondern auch und erst recht ihren gelegentlich aufstörenden Hervorbringungen. Man ahnt schon, daß es unter solchen Verhältnissen nicht die heutige Kunstkritik ist, die in den Trophäen der großen »Exkursionen« des menschlichen Geistes ihr Heil – und unseres – erblicken wird ...

Offener Brief an Paul Eluard

Paris, am 13. Juni 1950

Vor fünfzehn Jahren sind wir, Du und ich, auf Einladung unserer Freunde, der tschechischen Surrealisten, nach Prag gereist. Wir haben dort Vorträge gehalten und Interviews gegeben. Ich weiß, daß Du erst neulich dort sehr gefeiert worden bist, freilich auf eine konventionellere, offiziellere Weise. Du wirst den Empfang damals in Prag nicht vergessen haben.

Nichts trennte uns damals. Politisch hatten wir beide mit der Orthodoxie nichts im Sinn. Unsere Kraft zogen wir aus den Gedanken, die wir, ein paar Leute, gemeinsam dachten. Was wir dachten, war für uns durch die poetische Tätigkeit bedingt, der unsere oberste Aufmerksamkeit galt. Und wenn wir uns dem Projekt der Gesellschaftsveränderung verschrieben, wenn wir es allein in der gewalttätigen Gestalt gelten lassen wollten, die die bolschewistische Revolution ihm gegeben hatte, und wenn unsere ganze Anstrengung darauf gerichtet war, die Divergenzen, die zwischen gewissen »kulturellen« Auffassungen der Kommunistischen Partei und unseren bestanden, zu verringern, so hielten wir es doch für nicht weniger dringend, unsere Positionen zu verteidigen, sofern sie auf Einsichten beruhten, die wir durch unsere eigenen Forschungen erworben hatten. Es ging um die Authentizität unseres Zeugnisses auf beiden Ebenen: Der geringste Kompromiß in der einen oder anderen Richtung wäre uns als Verfälschung unseres Vorhabens erschienen, hätte uns in unseren Augen scheitern lassen.

In dieser Verfassung waren wir in Prag angekommen. Freilich waren wir unsicher, welche Aufnahme unsere Botschaft dort finden würde. Es ist eine Sache, einem ausländischen Publikum zu begegnen, wenn man entschlossen ist, komme, was da wolle, einzig die eigenen Überzeugungen vorzubringen; eine andere Sache ist es, als beauftragter Sprecher mächtiger Organisationen vor dieses Publikum zu treten, ohne daß man dabei etwas von sich selbst in die Waagschale zu werfen hat. Du und ich, wir waren, ich wiederhole es, nur wir selbst. In der eher hektischen Unruhe der ersten Tage tauchte ein Mann auf, der sich so oft wie möglich zu uns setzte, der sich bemühte, uns zu verstehen, ein *offener* Mann. Dieser Mann war kein Dichter, aber er hörte uns zu, so wie wir ihm zuhörten: Was wir sagten, erschien ihm nicht unannehmbar; was er einwendete, klärte uns auf, ja überzeugte uns. Er war es, der in der kommunistischen Presse scharfsinnige Analysen unserer Bücher und vernünftige Berichte über unsere Vorträge publizierte. Er scheute keine Anstrengung, unsere beträchtliche Zuhörerschaft, in der sich Intellektuelle und Arbeiter mischten, uns gewogen zu machen.

Diese Hilfe und diese Großzügigkeit waren von unschätzbarem Wert für uns. Das am 9. April 1935 in tschechischer und französischer Sprache in Prag veröffentlichte *Bulletin*, das von Dir und mir unterzeichnet worden war, bestätigte es ausdrücklich.

Ich denke, Du hast den Namen dieses Mannes behalten: Er heißt – oder hieß – Závis Kalandra. Ich traue mich nicht, über die Zeitform des Verbs zu entscheiden, da die Zeitungen melden, daß er letzten Donnerstag von einem Prager Gericht zum Tod verurteilt worden ist, nach ordentlichen »Geständnissen« selbstverständlich. Einstmals wußtest Du so gut wie ich, was von derlei »Geständnissen« zu halten ist. Kalandra wußte es ebenfalls, als er aufgrund von Kommentaren, zu denen der »Prozeß der 16« ihn inspiriert hatte, aus der KP ausgeschlossen wurde. Mir ist durchaus bewußt, daß er damals einer der Führer der Internationalistischen Kommunistischen Partei (tschechische Sektion der IV. Internationale) geworden ist, aber wie kannst Du deshalb den Stein auf ihn werfen, Du, der Du ein paar Monate zuvor einen Text unterzeichnet hattest, der den Titel trägt *Als die Surrealisten noch recht hatten* und der mit einer Mißtrauenserklärung gegenüber dem stalinistischen Regime schloß, einen Text, den jeder heute nachlesen kann?

Sollten Krieg und Okkupation eine solche Scheidelinie zwischen den Menschen gezogen haben, daß Kalandra offen auf die falsche

Seite übergewechselt ist? Ist er schuldig vor dem Widerstand? Aber nein, denn seine Artikel von 1939 – damals, als er sich während der Naziokkupation nicht scheute, die Propaganda Hitlers lächerlich zu machen – brachten ihm sechs Jahre Lagerhaft ein (namentlich in Ravensbrück und Sachsenhausen).
Alles Quatsch! Verräter sind nicht aus solchem Holz geschnitzt. Erkennst Du, von dem ich lange Zeit wußte, daß er der menschlichen Stimme bis in die Intonation hinein mit Respekt und Verehrung begegnet, in diesem Rückstand schmutziger Propaganda Kalandras Stimme wieder: »Mein Ziel war, die Verschärfung der Blockade zu erreichen, die der Tschechoslowakei vom westlichen Imperialismus aufgezwungen wurde, um ihre wirtschaftliche Prosperität zu behindern und das Land der Marshallisierung in die Arme zu treiben«?
Wie kannst Du es in Deinem Innern ertragen, daß die Menschen in der Person dessen, der sich als Dein Freund erwiesen hat, auf diese Weise erniedrigt werden?[1]

---

[1] Paul Eluard hat sich damit begnügt, auf diesen Brief in *Action* zu antworten: »Ich habe zuviel mit Unschuldigen zu tun, die ihre Unschuld beteuern, um mich mit Schuldigen abzugeben, die ihre Schuld beteuern.« Závis Kalandra sollte wenig später exekutiert werden. – Cf. Louis Pauwels, »Des ›salauds‹ parmi les poètes« (»›Dreckschweine‹ unter den Dichtern«), in: *Combat,* 21. Juni 1950.

Alfred Jarry, Initiator und Aufklärer

»Malen ist nur Vortäuschen«: Diesen Satz, von Corneille Curce, Autor von *Les Clous du Seigneur* (1634), macht Alfred Jarry sich in einem ausführlich dokumentierten Artikel über dasselbe Thema zu eigen, den *L'Ymagier* in seiner 4. Nummer vom Juli 1895 veröffentlicht hat.[1] Bekanntlich ist heute kein anderer Dichter so sehr wie Jarry das Opfer einer der schlimmsten Plagen unserer Zeit: der groben Vereinfachung seiner Schriften, gewöhnlich in parteiischer Absicht. Man tut so, als seien von seinem Werk nur *Ubu roi* und die späteren Texte desselben Zuschnitts bewahrenswert, als habe der Humor, der sich dort mehr als anderswo verausgabt hat, sich wie eine Säure tief genug in die Platte hineingefressen, um alle anderen Ausdrucksweisen verschwinden zu lassen, die freilich nicht minder reich und komplex sind (doch eben diese Komplexität will man nicht; es ist bequemer, nur einen einzigen Aspekt gelten zu lassen, vor allem wenn dieser Aspekt besonders in die Augen sticht). Aber so wenig wie man Sade auf die Perversion reduzieren kann, die seinen Namen trägt, Baudelaire auf das Spiel mit dem Tod, Lautréamont auf die Feier des Bösen in *Maldoror* und dann des Guten (?) in *Poésies*, sowenig darf man länger zulassen, daß das, was Jarry an *anderem* und *anders* ausgedrückt hat, dem Geschmack am Guignol-Theater geopfert wird, den Jarry allerdings geprägt und wie kein zweiter verkörpert hat. Der Autor von *Ubu roi, Ubu in Ketten*, der *Almanache* und der *Passion als Bergrennen* ist auch der Autor des Prologs und des Schlußaktes von *César-Antéchrist*, von *L'Autre Alceste*, von *L'Amour absolu*, von Werken also, die einen ganz anderen Ton, wenn nicht eine ganz andere Grundinten-

[1] Es geht, nebenbei bemerkt, darum, zu zeigen, daß entgegen der von den Alten bis zu den Modernen üblichen, umstrittenen Darstellung bei der Kreuzigung nur vier Nägel verwendet worden sind.

tion haben. Jarrys Neugier hatte in der Tat enzyklopädischen Charakter, wenn man das Wort nicht aus dem Blickwinkel des 18., sondern dem des Übergangs vom 19. zum 20. Jahrhundert definiert. Dieser Übergang führt durch ein Tor, das unser Interesse so sehr fesselt, daß wir uns zu ihm zurückwenden, weil wir immer noch erst zur Hälfte wissen, wohin es führt – was an sich schon beunruhigend ist. Das Werk Jarrys, neben anderen, bildet, im Zeichen der Sensibilität, das Scharnier dieses Tores. Es gibt in der Tat keinen Blick, der wie der Jarrys ein ähnlich weites Feld nach vorn und nach rückwärts erfaßte. In *Ubu roi* und *Ubu in Ketten* prophezeit und stigmatisiert er die mörderischen Irrlehren, die uns nachmals zu schaffen machten, sein innovatorisches Genie gibt ihm nicht nur poetische Texte ein (»Das Zehntausendmeilenrennen« in *Der Supermann*, die »Bataille de Morsang« in *La Dragonne*), deren »Modernismus« nie übertroffen, ja nicht einmal erreicht worden ist, sondern ahnt auch, wider alle Möglichkeit, gleichsam voraus, was unsere Befragung der Vergangenheit ans Licht wird bringen können, er umreißt es und nimmt die Antwort vorweg. Es ist mehr als höchste Zeit, die Gipsmaske »Kobold« oder »Clown« wegzuziehen, mit der Gide und ein paar andere, die ihn nicht mochten – und nicht ohne Grund –, Jarrys Gesicht verdeckt haben. Ob er nun vor einem Auditorium von »hommes de lettres« ein Verkleidungsspiel oder eine Posse aufgeführt hat, bedeutet nicht viel; angesichts der Weite seines Blicks kommt es einzig darauf an, diese Weite in ihrer Substanz wiederherzustellen.

Nichts kann besser helfen, Jarry aus seiner Theaterrolle zu befreien, die er im Leben wie aufgrund einer Wette wahrgenommen hat, als zu zeigen, was ihn an der Kunst seiner Zeit im einzelnen hat fesseln können. Ist er der wilde Zerstörer gewesen, den man nach seiner oberflächlichen Identifikation mit Ubu erwarten könnte, oder, im gegenteiligen Fall, was enthüllen die Werke, die vor ihm Gnade fanden, von seiner Sensibilität? Um dafür Anhaltspunkte zu finden, muß man nur die ersten Arbeiten berücksichtigen, die er mit großer Sorgfalt veröffentlicht hat. Die Präsentation von *Les Minutes de sable mémorial* und *César-Antéchrist* zeugt von einem außergewöhnlichen Interesse an alten

Holzschnitten, von den alten Bildermachern bis zu Giorgione, mit einem ausgedehnten Verweilen bei Dürer. *L'Ymagier*, das er 1894 zusammen mit Rémy de Gourmont gründet, weist auf einen ausgeprägten Geschmack in dieser Sache hin. Die Verwalter des primären Antiklerikalismus, die beim Anblick des »Kalenders von Père Ubu für 1901« Jarry rasch für ihr Unternehmen eingespannt haben, mögen es verzeihen, aber fast alle von ihm ausgewählten und kommentierten Dokumente sind religiöser Herkunft und bleiben, ganz offensichtlich, von Sarkasmus verschont. »Vincent de Beauvais, Jacques de Voragine, Brokat der Jungfrau von Lyon, Serge der bretonischen Notre-Dame, Tiere aus dem neuen Garten Eden von Dürer (Die Jungfrau mit Hase, die Jungfrau mit Uhu, die Jungfrau mit Affe) und aus Epinal, die Hochzeit und das Hinscheiden der heiligen Jungfrau, die Bildermacher schneiden Bilder und vergolden die Heiligengeschichten für das kleine Kind auf den Knien seiner Mutter, das die Blinden sehend machte.« Die Majuskeln stehen nun einmal da, und es ist nicht zu leugnen, daß es da auch einen Ton der Rührung gibt. Verzaubert von der Volkskunst und der Kunst Dürers, gelingt es Jarry nicht nur, sich dem Geist zu nähern, der diese Werke beseelt, sondern er zeigt sich von ihnen so sehr gefesselt, daß er sich entschlossen der Aufgabe widmet, sie bekanntzumachen. Nachdem seine Mitarbeit bei *L'Ymagier* mit der Nummer 4 beendet ist (aus Gründen, die mit der Orientierung dieses Hefts nichts zu tun haben), hat er nichts Eiligeres zu tun, als, diesmal allein, eine Zeitschrift für Stiche zu gründen, *Perhinderion*, die alsbald ganz und gar in der Rühmung Dürers und Giorgiones aufgeht.

Es sieht so aus, als seien dies ausreichend Indizien für seine fast fanatische Vorliebe für Kunstformen, deren Schattenseite ohne Zweifel die christliche Ikonographie von ehedem ist, die jedoch ebenso die Darstellung von Personen oder Fabelwesen erlauben, deren Herkunftsort Cochinchina oder die Sandwichinseln sind. Jarry wollte in der Tat in ein- und demselben Akt der Verehrung sämtliche »Monster« umfassen und ihre Beute werden. Aber er fügt hinzu: »Es ist üblich, die ungewöhnliche Übereinstimmung dissonanter Elemente *Monster* zu nennen; die Kentauren und die

Albrecht Dürer, *Das Martyrium der Heiligen Katharina*

»Der Hügel paßt sich harmonisch den Falten des Gewandes und der schönen Linie der Zwillingsmuskeln an, den Beinen. Dieses Gewand und diese Beine sind die Schleppe und das Gewand einer größeren heiligen Enthaupteten, die das Bild ausfüllt, und zwar mit dem Becken auf der Höhe des Henkers, dem Nabel am Auge Katharinas und der Taille an der horizontalen Abschlußlinie des

Hügelschnitts. Ihr durchtrennter Hals verröchelt längs der scharfen Kante der Unterarme des fliehenden Mannes, und zwar in der Verlängerung des einzigen Strahls der sonnenden Wolke, der kein Degen mehr ist, sondern ein Schwert. Und der Kopf und die Haare sind in die am Hang liegende Stadt gefallen und die Bäume auf den Antrieb des Rades, damit eine weitere Drehung zustande kommt.«

Alfred Jarry

Chimären definieren sich so für den, der nicht versteht. Monster nenne ich jede ursprüngliche unerschöpfliche Schönheit.«
Jede ursprüngliche unerschöpfliche Schönheit ... Man sieht, der Nihilismus, den man dem Verfasser der *Ubus* viel zu rasch zuschreibt, ist alles andere als absolut, denn er verschont das »Schöne«, dem sein Kult gilt. Die Haltung Jarrys vor dem Schönen hat jedoch nichts mit heuchlerischer Bewunderung zu tun. Sie ist bebende Befragung der Mittel, zum Schönen zu gelangen, und Wunsch nach vollständiger Inbesitznahme durch Wiederherstellung des *latenten* Gehalts jenseits des manifesten Gehalts. Nichts belegt das deutlicher als der Kommentar zum *Martyrium der Heiligen Katharina*, wovon wir den bezeichnenden Ausschnitt mit Hilfe einer »Abdeckung« reproduzieren. Die Intention Jarrys, der den Stich Dürers auf diese Weise erforscht, nimmt eine Einsicht von Oscar Pfister vorweg, der in der *Heiligen Anna* von Leonardo, die sich im Louvre befindet, die Umrisse jenes obsessionellen Geiers entdeckte, dessen psychoanalytische Bedeutung später Freud entschlüsselt hat.[2] Sie nähert sich dem Konzept der »kritischen Paranoia«, das in den Hauptzügen von Max Ernst begründet und dann von Dalí systematisiert worden ist. Jarry hat ohne Zweifel als erster erkannt, daß »die unbeschränkte Zergliederung den Werken immer wieder etwas Neues entreißt.«[3] Es ist im übrigen unbestreitbar, daß die Idee des »Unerschöpflichen« ihn dazu bewogen hat, seine Neugier und seine Aufmerksamkeit an die höchsten (die auch die schwierigsten sind) Konstruktionen des menschlichen Geistes früherer Epochen zu wenden. Der heraldische Akt von *César-Antéchrist* beweist ebenso wie *L'Amour absolu*, daß er die *Apokalypse* des Johannes und die Gnosis[4] konsultiert hat (einerseits enthält die Nummer 3 von *L'Ymagier* drei Darstellungen des Antichrist nach Stichen des 15. Jahrhunderts, zu denen Jarry selbst Repliken zeichnete; andererseits gibt es das »Bekenntnis Emmanuels« in *L'Amour absolu*, dem ich die folgenden Zeilen entnehme: »Ich bin Gott, ich sterbe nicht am

---

[2] *Eine Kindheitserinnerung Leonardo da Vincis, frz.* 1927.

[3] *Les Minutes de sable mémorial*, Vorrede.

[4] Cf. Eugène de Faye. *Gnostiques et gnosticisme*. Libraire orientaliste. Paul Geuthner, 1925. – H. Leisegang, *La Gnose,* Payot, 1951.

Kreuz. [...] Neuer Adam, der erwachsen geboren wurde, ich bin mit zwölf geboren, ich werde mich vernichten, *ohne daß ich der wäre, der stirbt*, mit dreißig, morgen« – dieses Bekenntnis könnte auf Basilides verweisen, für den »Jesus nur einen Scheinkörper angenommen und Scheinleiden gelitten hat«). Eine Deutung des Werks in diesem Sinne steht noch aus, vielleicht liegt darin sein einziger Schlüssel. Ich beschränke mich hier darauf, eine zweite grundlegende Determinante der Sensibilität Jarrys kenntlich zu machen. Während die erste, wie wir gesehen haben, ihn zu den volkstümlichen Bildern aus den Fabriken von Chartres, Orléans, Rennes oder Epinal führt, ermutigt ihn die zweite zur Erschließung des Sinns der Figuren, die sich zum Vehikel der esoterischen Tradition haben machen lassen.

Es mag unter diesen Umständen besonders aufschlußreich sein, zu erfahren, wie Jarry auf die Malerei seiner Zeit reagiert hat. Denn hier ist tatsächlich jemand, dessen Neugier sich als überaus folgenreich erwiesen hat, und der, zudem in Kontakt mit sämtlichen Zirkeln, bis zu seinem Tod 1907 ständig im Zentrum des intellektuellen Lebens geblieben ist. Hat er im Laufe der vorausgegangenen, an theoretischen Debatten über die Malerei so reichen zwanzig Jahre aktiv an der Diskussion teilgenommen oder wenigstens durchblicken lassen, wem seine Sympathien galten? Kaum ist die Frage gestellt, drängt sich auch schon eine Antwort auf. Zuallererst empfiehlt sich Jarry uns durch ein beispielloses Verdienst auf diesem Gebiet: Ihm haben wir zu verdanken, daß wir Henri Rousseau kennen. »Der Zöllner«, schreibt Apollinaire, »ist von Alfred Jarry entdeckt worden, der dessen Vater recht gut gekannt hatte. Doch um die Wahrheit zu sagen, Jarry hat zu Anfang viel mehr die Schlichtheit des Mannes entzückt, glaube ich, als die Qualität seiner Malerei. Später jedoch wurde der Autor von *Ubu roi* überaus empfänglich für die Kunst seines Freundes, den er den wundervollen Rousseau nannte. Dieser fertigte ein Porträt an, auf dem auch der Papagei und jenes berühmte Chamäleon, das eine Zeitlang Jarrys Begleiter war, zu sehen sind. Das Porträt ist teilweise versengt worden. Als ich es 1906 sah, war nur noch der sehr ausdrucksvolle Kopf zu erkennen.« Es ist bedauerlich, daß die Umstände der Begegnung der beiden Männer bis heute nicht geklärt werden konnten – man weiß nicht einmal, ob sie in Laval stattgefunden hat, der Stadt, aus der beide stammten –, ebensowenig die Umstände, unter denen Henri Rousseau dazukam, Alfred Jarry in seiner Wohnung 14, avenue du Maine, aufzunehmen. Von Apollinaire wiederum wissen wir, daß Rousseau durch Jarry bei Rémy de Gourmont eingeführt wurde, der von ihm so überzeugt war, daß er in *L'Ymagier* seine Lithographie *Les Horreurs de la Guerre* veröffentlichte (»Rémy de Gourmont«, berichtet Apollinaire, »hatte von Jarry erfahren, daß der Zöllner mit einer Reinheit, einer Anmut und einem Bewußtsein malte wie nur ein Primitiver.«). Man versichert zwar, daß Gauguin Rousseau von Beginn an im Salon des Indépendants von 1886 »bemerkt« hatte, aber es gibt keinerlei Angaben darüber, was sein Interesse geweckt hatte. Wie dem auch gewesen sein mag, es liegt auf der Hand, daß Jarry von seinem künstlerischen Werdegang her geradezu prädestiniert war, das Genie des Zöllners zu erkennen und ins rechte Licht zu setzen. Für mich bleibt er derjenige, der Rousseau aufgrund von *Sachkenntnis* durchgesetzt hat – ja, der allein ihn durchsetzen konnte –, und der dies mit dem erforderlichen Verständnis und gebotenen Gefühl getan hat, jedenfalls gewiß nicht im Geiste der Mystifikation, von dem diejenigen sprachen, deren Empfindungsarmut sich durch ihre dauernde Angst vor dem Geprelltwerden verrät. Wir treffen hier auf einen Bereich reiner Affinitäten, die im Kern der rationalen Analyse widerstehen. Gleichwohl bleibt es bezeichnend, daß Gauguin Rousseau »bemerkt« hat, wenn man an die Anziehung denkt, die ein gewisses tropisches Licht auf den einen wie den anderen ausgeübt hat, ein Licht, das auch die Inseln streift, an denen das »As« des Doktor Faustroll anlegt. Man erinnere sich überdies der besonderen Vorliebe, die Jarry und Gauguin gleichermaßen für die Bretagne hegten (bekanntlich heißt das letzte, auf den Marquisen-Inseln gemalte Bild Gauguins *Verschneites bretonisches Dorf*). Und man darf mit Gründen vermuten, daß ihre innere Verwandtschaft sich darin nicht erschöpft hat. Ende 1893 widmete Jarry drei Gedichte dem Lob einiger Gemälde Gauguins (*Ia Orana Maria, L'Homme à la Hache* und *Manao Tupapau*), die bei Durand-Ruel ausgestellt waren; es ist dies die einzige Huldigung dieser Art, die er einem zeitgenössischen Künstler dargebracht hat. (Ich gestehe ohne Skrupel, daß ich keine Einwände gegen den Kommentar zu diesen Gedichten habe, den man in einem kürzlich erschienenen Sammelband findet.[5])

Das Kapitel XXXII der *Taten und Meinungen des Doktor Faustroll* mit dem Titel »Wie man an die Leinwand kommt« – es ist Pierre Bonnard gewidmet[6] – hat den großen Vorzug, über die anderen Neigungen Jarrys in Sachen moderne Malerei Auskunft zu geben und uns ihre Rangfolge erkennen zu lassen. Der Affe Backenbuckel wird von Faustroll beauftragt, sich in das *Au luxe bourgeois* genannte Nationalkaufhaus zu begeben, um dort Leinwand zu besorgen: »Du wirst mich bei den Abteilungsleitern Bouguereau, Bonnat, Detaille, Henner, J.-P. Laurens und Tartempion, bei dem Haufen ihrer Ladenschwengel und anderer subalterner Händler empfehlen. Um dir den vorstehenden Kiefer von der merkantilen Sprache reinzuwaschen, geh in den kleinen Raum, der zu diesem Zweck hergerichtet ist. Hier leuchten die Ikonen der Heiligen. Nimm den Hut ab vor dem *Armen Fischer*, verbeug dich vor den Monets, knie nieder vor Degas und Whistler, kriech in Gegenwart Cézannes, wirf dich Renoir zu Füßen und leck das Sägemehl in den Spucknäpfen unter den Rahmen der *Olympia*!« Faustroll fügt dann hinzu, daß der »Handwerker des Großwerks« und Schöpfer reinen Goldes Vincent van Gogh heiße. Nach diesen Worten fährt Jarry fort: »Nachdem er die segensreiche Spritze der Malmaschine aufs Zentrum der Vierecke gerichtet hatte, die von unregelmäßigen Farben entehrt waren, bestellte er Herrn Henri Rousseau, Künstler Maler Dekorateur, genannt der Zöllner, zum Führer des mechanischen Monstrums.«

Cézanne, Renoir, Manet, Gauguin, van Gogh, Rousseau – es ist frappant, zu sehen, bis zu welchem Grade die Nachwelt dieses Urteil bestätigt hat. Es gibt nicht einen einzigen Berufskritiker,

---

[5] Alfred Jarry, »La Revanche de la nuit«, in: *Mercure de France*, 1949.

[6] Der der perfekte visuelle Interpret Jarrys in dem *Almanach du Pére Ubu* (1901) war.

der damals diese Gruppe von Namen, und zwar *in dieser Reihenfolge*, zusammengestellt hätte, eine Reihenfolge, die mir unverändert anregend erscheint und die sich offenbar allmählich durchsetzt.

Deshalb fühle ich mich verpflichtet, öffentlich von dem Vergessen zu sprechen, dem der Name eines Malers zum Opfer fiel, der Jarry besonders am Herzen lag, gewiß auch Gauguin, denn er hat lange mit ihm zusammengelebt, und er erwähnt ihn in seinen Briefen mit herzlicher Anteilnahme. Es handelt sich um Filiger, von dem wir aus einem Brief des Graveurs Paul-Emile Colin an Charles Chassé wissen, daß er 1890 in Pouldu mit Gauguin zusammen war: »Alle vier waren wir hier: Gauguin, Filiger, de Haan und ich, einquartiert am Meer im Hotel de la Plage, übrigens die einzigen Pensionäre der guten Marie, des liebenswerten Mädchens, das fast ganz von unserem bescheidenen Kostgeld lebte. Filiger, der wegen ›Mangels an Geld‹ aus Paris verbannt war, fuhr nur widerwillig in die Bretagne, die er nicht mehr verlassen sollte. [...] Ich sehe den Speisesaal des kleinen, einsamen Gasthofes mitten im Sand noch vor mir. Ein Deckengemälde von Gauguin, Motiv: Gänse, schmückte ihn. Auch die Türen waren mit Malereien verziert. Ein großes Bild mit blauem Grundton stellte Marie die Bretonin und ihren Sohn dar. Um die Dekoration des Saales zu vollenden, malte Filiger eines Tages die Jungfrau Maria auf einen Fensterpfeiler, und zwar nach einer hübschen kleinen Gouache. [...] Ich glaube nicht, daß Sie irgend etwas von Filiger haben werden, wenn Sie ihm begegnen. Er war sehr freundlich, aber weit entfernt von unserer Zivilisation, weit darüber, denke ich.« Charles Chassé[7], mit dem ich – muß ich es betonen? – über Jarry und Rousseau keineswegs einer Meinung bin, dem ich aber dankbar dafür bin, daß er die verlorene Spur Filigers wiedergefunden hat, Chassé beschreibt ihn als »eine der rätselhaftesten Physiognomien, die es jemals gegeben hat«. – Chassé, der als Mystiker gilt, neigt dazu, den »Nußknacker«-Aspekt an Filigers Erscheinung hervorzuheben. Es fällt aller-

---

[7] Charles Chassé, *Le Mouvement symboliste dans l'art du XIXe siécle*, Librairie Floury, 1947.

dings schwer, Filigers Weigerung, das Café des Voyageurs in Concarneau zu betreten, da es kein »eines Malers würdiger Ort« sei, mit der Erinnerung Louis le Rays zusammenzubringen, wonach Filiger regelmäßig als Aperitif eine Mischung aus bitterem Picon und Melissengeist bestellte, die er »symbolisches Getränk« nannte. Es darf auch nicht vergessen werden, daß Filiger in den Jahren vor seinem Tod (1930 in Plougastel-Daoulas) von einem ursprünglich pseudochristlichen Mystizismus zum »vollständigen Heidentum« übergewechselt war.

Es gibt, sagte ich, *etwas anderes:* Man schlage den sechsten Band der *Œuvres Complètes*[8] von Jarry beim Abschnitt »Critique d'Art« auf, und man wird sehen, daß der einzige bedeutende Text – von zwei dort abgedruckten – Filiger und seiner Glorifizierung gilt, was, zusammen mit der darin spürbaren Emotion, zumindest bis zu einem gewissen Grade rechtfertigt, daß Chassé Filiger für den »Lieblingsmaler« des Autors von *Ubu roi* hält. Ich beschränke mich darauf, ein Stück aus Jarrys Text zu zitieren: »Von zwei ewigen Wesenheiten, von denen die eine nicht ohne die andere auskommt, hat Filiger nicht die schlimmere gewählt. Da aber die Liebe zum Reinen und Frommen jene andere Reinheit, das Böse, nicht wie einen Lumpen ins materielle Leben zurückwirft, verkörpert auch Maldoror einen schönen Gott unter der nach Pappe klingenden Rhinozeroshaut. Und vielleicht einen heiligeren. [...] Die Dämonen, die, Reusen vergleichbar, zwischen den langen Küsten Buße tun, klettern wie Tiere mit ihren vier Krallen zum Himmel, der einzige Gang mit abschüssigen Wegen. Deshalb übertrifft ihn Filigers Kunst definitiv durch die Arglosigkeit seiner keuschen Köpfe, nach Art eines Sühne-Giottismus. Es ist reichlich absurd, daß ich so tue, als wollte ich ein Resümee oder eine Beschreibung seiner Malerei geben, denn: 1. Wenn sie nicht sehr schön wäre, würde es mir überhaupt keinen Spaß machen, sie zu erwähnen, folglich würde ich sie nicht erwähnen; 2. Wenn ich Punkt für Punkt erklären könnte, warum das sehr schön ist, wäre es keine Malerei mehr, sondern Literatur

[8] Edition du Livre, Monte Carlo, 1948.

(nichts gegen die Unterscheidung der Genres), und sie wäre keinesfalls schön ...«[9]

Die sehr kleine Zahl von Werken Filigers, die öffentlich gezeigt wurden, was zweifellos daran liegt, daß die meisten anderen in der Sammlung des Grafen A. de la Rochefoucauld vergraben sind (der den Künstler jahrelang finanziell unterstützte), und der Mangel an photographischen Reproduktionen, die diese Lücke halbwegs schließen könnten, dazu das Fehlen jeglicher Chronologie, die sich auf die selten ausgestellten Werke anwenden ließe, all das scheint mir zu rechtfertigen, daß ich zu einer subjektiven Anmerkung übergehe. »Filiger«, hat Julien Leclerc berichtet, »geriet vor dem Cimabue im Louvre vor allem deshalb in Verzückung, weil die Gesichter der Engel dort dem Gesicht der Jungfrau gleichen.« Ich erinnere mich, daß ich mein erstes Erstaunen vor diesem Gemälde auf eben dieses Motiv zurückgeführt habe.[10] Vor zwei Jahren habe ich in Pont-Aven eine Gouache von Filiger erwerben können, die hier wiedergegeben ist. Die oberen acht Bögen sowie der Himmel um die Bauwerke herum sind königsblau; die Pferde schimmern in einem weniger gleichmäßigen Moosgrün als der querlaufende Rand, an dem sich, deutlich abgesetzt, eine Wellenlinie mit dreiblättrigen Motiven hinzieht. Johannisbeerrot glimmen die unteren Ähren, die jeweils paarweise eine Blume in der Farbe wilder Zichorie flankieren, wobei das Ganze von einer über einem Schmetterling hängenden Krone wie filigraniert erscheint. Die Symmetrie wird nur von dem Zweig durchbrochen, der sich von rechts nach links ausstreckt, von einem grünen Seitenturm zum anderen, und der zwischen zwei hellen Herzen eine unbekannte Frucht trägt, deren Rot dem der Ähren nahekommt. Ich weiß durchaus, wie vergeblich eine solche Beschreibung ist. Meine Entschuldigung ist, daß nichts anderes nachhaltiger einen Reiz auf mich ausgeübt und sich meinen Stimmungsschwankungen klarer entzogen hat als diese

---

[9] Alfred Jarry, »Filiger«, in: *Mercure de France*, September, 1894.

[10] Werke Filigers findet man so selten, daß die Namen der Liebhaber oder früheren Freunde des Malers genannt werden müßten. Das ist der Fall bei Herrn Le Corronc aus Lorient, der mich freundlicherweise auf dieses Bild aufmerksam gemacht hat.

Filiger, Gouache

Gouache. Gauguin hat 1888 für Paul Sérusier ein kleines Täfelchen gemalt, das in der Geschichte der Malerei unter dem Namen *Talisman* bekannt ist. Wenn dieser Titel nicht schon vergeben wäre, würde ich ihn für diesen Filiger, der – kaum größer – keinen Titel hat, reserviert wissen wollen.

Emile Bernard hat gelegentlich gesagt, daß Filiger sich »nur den Byzantinern und den volkstümlichen Bildnern der Bretagne verdankt«; ich weiß nicht recht. Als ich in einer kürzlich erschiene-

nen Nummer von *Sciences et Voyages* blätterte, in der die Blumen aufgeführt waren, die in unseren Breiten die *gesamte* ornamentale Vegetation des Mittelalters bilden (Schneeglöckchen, Schlüsselblume, Gänseblümchen, Narzisse, Veilchen, Maiglöckchen, Akelei, Fingerhut, Kornblume, Glockenblume und wilde Rose), stellte sich heraus, daß es Filigers Verdienst ist, die Griseldis wiederentdeckt zu haben.
Selbst wenn es nur aus Rücksicht auf Jarrys Urteil ist, das sich auf diesem Gebiet freilich als wenig fehlbar erwiesen hat, bleibt zu wünschen, daß sich eine Galerie – in Ermangelung eines Nationalmuseums – ungeachtet aller Schwierigkeiten an die Aufgabe mache, das Gesamtwerk Filigers auszustellen, damit ihm, wenn auch spät, Gerechtigkeit widerfahre.

Oktober 1951

Vom »sozialistischen Realismus« als Methode moralischer Vernichtung

Vor etwa drei Monaten bat ich darum, man möge uns gnädigst die Realisationen der zeitgenössischen russischen Malerei enthüllen, wenn man uns von der Idee abbringen wolle, daß es sich bei ihr nicht nur um eine degenerierte, sondern infolge der ihr auferlegten Bedingungen um eine *unrettbar heruntergekommene* Kunst handelt.

Das hat uns reichlich Artikel von Aragon in den *Lettres françaises* eingebracht, die zu unserem Glück noch fortgesetzt werden.[1] Das Mindeste, was sich über sie sagen läßt, ist, daß sie von keiner fieberhaften Eile zeugen, zum Thema zu kommen. Nicht erst seit heute wird man Aragon für einen Meister des Ausweichens halten. (Man erinnert sich an die Replik, die ein Zuhörer sich zuzog, den die Abschweifungen bei einem seiner Vorträge langweilten, und der ihn unterbrach, um ihn zu seinem Thema zurückzubringen. Der Autor des *Traité du Style*, apodiktisch und die Hand am Jackenaufschlag, erwiderte: »Mein Thema, mein Herr, trage ich im Knopfloch.«)

Aragons Artikel haben immerhin den Vorzug, durch einwandfrei repräsentative Dokumente illustriert zu sein: photographische Reproduktionen von Werken, die mit dem »Stalinpreis« ausgezeichnet worden sind. Somit können wir einen Blick auf das werfen, was die zeitgenössische russische Bildhauerei und Malerei zu bieten hat, im Rahmen der »Linie«, die ihr unerbittlich vorgeschrieben ist. Wir können also über den sogenannten »sozialistischen Realismus« anhand seiner *Werke* und nicht nur seines Pomps (Schdanow und andere) urteilen. Obwohl Aragon in zureichender Einschätzung unserer Kräfte sich gehütet hat, sie uns

[1] Seit der Veröffentlichung dieses Beitrags in *Arts* ist die Reihe jener Artikel, deren Fortsetzung angekündigt worden war, wie durch ein Wunder unterbrochen worden.

Schlag auf Schlag vorzusetzen, übertreffen die beiden frappierendsten Beispiele, die er unserer Aufmerksamkeit empfiehlt (»Wir verlangen den Frieden«, *Les Lettres françaises,* 31. Januar 1952, und »Eine Sitzung des Präsidiums der Akademie der Wissenschaften«, *Les Lettres françaises,* 10. April 1952), alles, was man befürchtet hatte. Die Wahrheit ist, daß es weder in der »Friedhofskunst« noch in der nach Emphase schielenden Auftragsmalerei Parallelen zu den uns hier zugemuteten »Bildern« gibt. Das Muster eines andern, unter denselben Umständen ausgezeichneten Werkes, das uns vorgestellt wird (die Serie von Zeichnungen, die Majakowskis *Über Amerika* illustrieren), etwa »Der Kopf der Freiheitsstatue auf Long Island, deren Augen aus den Fressen von zwei Policemen gemacht sind« (Aragon), läßt den inneren Impuls dieser ganzen Produktion offen hervortreten: Feindseligkeit, um nicht zu sagen Aggressivität. Muß noch hinzugefügt werden, daß man schon Aragon heißen muß, um die kühne Behauptung zu wagen: »Nein, man kann nicht sagen, daß Prorokow [der Urheber dieser Zeichnungen] Surrealist ist, aber man kann sagen, daß die Vielfalt der Stalinpreise in diesem Jahr einer großen Tatsache Rechnung trägt: der Freiheit *der Mittel* im Rahmen des sozialistischen Realismus«? Wer wird bezweifeln, daß dieses Minimum an Freiheit im Gebrauch formaler Techniken einzig denen zugestanden wird, die Haß verbreiten – diesmal auf Amerika? Und was hätte wohl Majakowski über die neue Illustration seines Buchs gedacht, jener Majakowski, der sich – wie Aragon sehr wohl weiß, denn ich habe es von ihm – umgebracht hat, als ihm der Paß verweigert wurde, der ihm ermöglicht hätte, der geliebten Frau über die Landesgrenzen nachzufolgen?
Genug der Späße. Es ist nicht verwunderlich, daß sich nach der Veröffentlichung seiner Artikel bis in Aragons nächste Umgebung hinein lebhafte Unruhe bemerkbar gemacht hat. Konnte er tatsächlich gut finden, was er da verteidigte? Konnte er, wenn auch nur andeutungsweise, an das glauben, was er da segnete? Erlag er nicht ein weiteres Mal seiner Neigung zur Übertreibung wie zur Zeit des »Skandals um des Skandals willen« und dem »schwachsinnigen Moskau«? Welches Interesse konnte er unter diesen Umständen an der Kunst nehmen, zum Beispiel an der

Malerei, zu der viele, und zwar bei weitem die Mehrzahl, gelangt sind, *bevor* sie sich politisch definierten, und der sie, einem unbezwingbaren Ernst folgend, sich verschrieben haben? Es kann in dieser Sache keine Zweideutigkeiten geben. Der Hintergrund von Aragons Denken in diesem Punkt ist uns bekannt. Er kommt in den folgenden Sätzen aus *La Peinture au défi* (1930) zum Vorschein, einem Titel, der schon für sich allein ein Programm ist: »Die Malerei hat nicht immer existiert. Man tönt uns so sehr die Ohren voll mit ihrer Entwicklung, ihren Blütezeiten, daß wir ihr nicht nur einen vorübergehenden Niedergang, sondern auch, wie jedem anderen Begriff, ein Ende voraussagen können. Am Zustand der Welt würde sich nichts ändern, wenn nicht mehr gemalt würde [...]; man darf annehmen, daß die Malerei mit dem ganzen Aberglauben, den sie mit sich schleppt, vom Sujet bis zur Materie, vom Geist der Dekoration zu dem der Illustration, von der Komposition zum Geschmack etc., in naher Zukunft als harmloser Zeitvertreib gelten wird, jungen Mädchen und alten Provinzlern vorbehalten, wie heute schon das Versemachen und morgen das Verfertigen von Romanen. Es gibt Grund, das vorauszusagen.« *Die Kunst für immer zertreten* – ich hoffe, ich habe deutlich gemacht, daß diese Absicht, die ich in *Arts* den stalinistischen Führern zuschrieb, sehr wohl im Sinne Aragons sein kann.

Es sind nicht nur eine Handvoll Leute, die meinen, daß der »sozialistische Realismus« ein weiterer Betrug ist, einem Regime anzukreiden, das, während es die menschliche Freiheit abschafft, systematisch die Wörter korrumpiert, die auf universelle Brüderlichkeit verweisen, und das in abscheulicher Weise sich der Menschen entledigt, die nicht rechtzeitig den Nacken gebeugt haben, das deshalb nach seinem totalitären Charakter, also insgesamt beurteilt werden muß.

Aus Anlaß der am 23. und 24. April von den »Bildenden Künstlern, Mitgliedern der Kommunistischen Partei Frankreichs« einberufenen Versammlung haben die Pariser Zeitungen – einmal ist nicht immer – eine gewisse Treuherzigkeit bezeugt. Da diese Versammlung einberufen worden war, um die heftige Unruhe zu unterdrücken, die die nicht endenwollende Predigt Aragons zusammen mit seiner närrischen, aber vertrauten Verbissenheit ausgelöst hatte, schien man Ausschlüsse oder spektakuläre Austritte zu erwarten. Selbstverständlich war nichts weniger wahrscheinlich. Ich gehöre zu denen, die mit der dort gefundenen »Lösung« ausgesprochen zufrieden sind, und zwar deshalb, weil sie das Trennende gründlich herausstreicht und den inneren Widerspruch zuspitzt. Niemals zuvor war in Frankreich von den Intellektuellen der Partei ein solch totaler Verzicht auf Kritik verlangt worden: In ihrer Adresse an Maurice Thorez schlossen sie sich der Beschuldigung an, die Amerikaner führten einen »bakteriologischen Krieg«, und bekräftigten die Erklärung des Parteisekretärs, wonach »alle kulturellen Werte beim Proletariat zu finden sind« (eine Behauptung, die sich schon durch die Anmerkung ins rechte Licht rücken läßt, daß die Versammlung alles in allem etwa zweihundert Künstler und Kritiker vereinigte, das heißt weniger als ein Hundertstel derer, die in Paris gezählt werden können). Sie dankten Thorez für seine Ratschläge, die ihnen »bereits ermöglicht haben, bedeutende Erfolge bei sich selbst zu erringen« und die ihnen »die Perspektive der vollen Entfaltung ihrer Kunst eröffnen«.

Wenn man ihnen und ihrem gemeinsamen Beschluß Glauben schenken will, setzen sie dem l'art pour l'art, dem Pessimismus, dem Existentialismus und Formalismus »eine Kunst entgegen, die sich vom sozialistischen Realismus inspirieren läßt und von der Arbeiterklasse verstanden wird«, das heißt genau die Kunst, deren Modelle uns Aragon vor Augen gestellt hat. Das wäre schmerzlich, wenn der »Brief an Maurice Thorez« nicht ein Gegengewicht durch einen anderen Brief bekommen hätte, in dem sie Pablo Picasso ihrer »vertrauensvollen Zuneigung« und ihres »Respekts« versichern, Picasso, dessen Werk, was seit fünfzig Jahren jeder sehen kann, die wütende Negation einer solchen »Kunst« darstellt. Es ist ziemlich klar, daß dieser Brief denen, die den ersten unterzeichnet haben, die Möglichkeiten des *stillschweigenden Vorbehalts* beläßt. Picasso sagte mir 1937 oder 1938, die stalinistischen Führer erinnerten ihn an die spanischen Jesuiten, die er in seiner Jugend lebhaft verehrt habe. Das Ereignis vom 24. April in Gestalt der beiden Briefe an Thorez und an ihn ist durchaus geeignet, Picasso in seinen alten Empfindungen zu bestärken. Ein solcher Vorfall mit Doppelbedeutung ist freilich auch ein Anzeichen dafür, daß unter den intellektuellen Kadern der stalinistischen Partei die Antagonismen wachsen, die sich wahrscheinlich als unauflösbar erweisen und binnen kurzem die Form des offenen *Konflikts* annehmen werden.

Bibliographische Notiz

Wir danken dem Gerhardt Verlag, Berlin, für die freundliche Erlaubnis, das Manifest *Für eine unabhängige revolutionäre Kunst* in der deutschen Übersetzung nachzudrucken, die in dem im Gerhardt Verlag erschienenen Band Leo Trotzkij, *Literatur und Revolution* (1968) enthalten ist.